冗談か悪夢のような中国という災厄《さいやく》

習近平思想と権力闘争の行方

石平
Seki Hei

ビジネス社

まえがきにかえて

アジアに災いをもたらそうとする「習近平思想」

今秋に開かれる中国共産党大会で、習近平総書記の思想・理念が「習近平思想」として党規約に明記される可能性が高まっている模様である。

それが実現されれば、「習近平思想」が党と国家の指導思想として正式に認定されることになるのだが、このことは何を意味するのか。

中国共産党史上、指導者個人の思想が党の指導思想として認定された前例には「毛沢東《もうたくとう》思想」がある。一九三六年に党の主導権を握った毛沢東は、それから九年をかけて権力基盤を固めたのち、四五年に開催の共産党第七回党大会で毛沢東思想を党規約に盛り込むことに成功した。

これで毛沢東は名実ともに、党の政治的指導者の地位だけでなく、党の思想的〝教祖〟としての権威も手にいれた。それからわずか四年後の四九年、教祖となった毛沢東の指導の下で、中国共産党は国民党政府との内戦で奇跡的な勝利を収め、天下を取って中華人民共和国を建国した。

そして建国から七六年の毛沢東の死去まで、毛沢東思想が至高のイデオロギーとして党と全国人民を完全支配するようになっていたが、一個人の思想がそれほどの権威を持った背景には当然、中国共産党を内戦の勝利へと導いて国を開いた毛沢東の〝偉業〟があった。

毛沢東の死後、次の最高指導者となった鄧小平《とうしょうへい》は、改革・開放路線を推し進めて中国経済を成長路線に乗せ、かつての貧困国家・中国を世界第二の経済大国に変貌させた。この歴史的業績を持って、彼の死後の九七年、「鄧小平理論」が党規約に明記されることになったが、それは毛沢東思想よりは一段格下の「理論」にとどまった。

それに対し、総書記になってからわずか五年、これといった業績もない習近平は、建国の父の毛沢東と肩を並べて自らの「思想」を党規約に盛り込もうとしている。「小人の背伸び」とはまさにこういうことであろうが、秋の党大会でそれが成功したとしても、彼にとっての問題はそれからだ。

党規約に記載されるのは簡単なことだが、「習近平思想」が本物の指導思想として党全体に浸透し、自らの絶対的権威を確立していくのはきわめて難儀であると言わざるをえない。

先にふれた毛沢東思想や鄧小平理論の権威確立は、政治指導者の歴史的業績によって裏付けられたものであるが、いまの習近平にはそれがないからである。

したがって、秋の党大会以後、自らの思想の権威確立のため、習はかつての毛沢東や鄧小平に匹敵するほどの業績をつくっていかなければならない。

ところが、いまの中国には、指導者が内政の面において毛沢東の建国や鄧小平の改革開放に肩を並べるような業績をあげる余地はもはやない。そうなると、これからの習近平にとって、歴史的業績をつくり上げるための新天地は、国の〝外〟にしか見い出せない。

つまり、アジアと世界における中国の覇権樹立という、毛沢東と鄧小平が夢見て達成できなかったこの申し分のない偉業を、習が自らの手で成し遂げることによって初めて、彼の思想は本物の「指導思想」となって支配的権威を確立できる。そうなって初めて、毛沢東や鄧小平を超える〝教祖〟として習近平は中国に君臨することができるのである。

実際、党規約に明記される予定の「習近平思想」には、中華民族の偉大なる復興を掲げる「中国の夢の実現」と、「世界の新秩序への転換」の理念が重要な柱の二つとして盛り込まれている。

だが、それは明らかに、中国がかつての「中華帝国」として復活して中国中心の「世界新秩序」をつくり上げようとする習近平の覇権主義的「世界制覇宣言」そのものである。

したがって、今秋の党大会において習近平思想を首尾よく党規約に明記させた後、二期目からの習近平政権はきっと、このような覇権主義宣言に沿って、それこそ不退転の決意を持って南シナ海と東シナ海に対する軍事的支配と、「一帯一路」の展開による世界への経済支配を両輪とする世界制覇戦略を全面的に推し進めていくこととなろう。

教祖になろうとする中国共産党独裁者の野望はこうして、アジアと世界に災いをもたらそうとしているのである。

習近平のとてつもない野望、そして中国の覇権主義戦略にどう対処するのか。それこそがわれわれの抱える世紀的大問題であるが、そのためにはわれわれはまず、「敵を知る」ことから対策を考えなければならない。

本書はまさにこのような趣旨に沿って、過去一年間の中国の政治・外交・経済の動向に分析のメスを入れ、習近平政権の特質と権力構造、中国共産党の野望と戦略を浮き彫りにし、その今後の展開を予測していくものである。

それが多くの日本人の、いまの中国と習近平政権に対する理解を深めるための一助となれば、著者にとってこれ以上の喜びはない。

本書を手にとっていただいた読者の皆様にはただただ、心からの感謝を申し上げたい次第である。

なお本書はメールマガジン『石平の中国深層ニュース』、同『石平のChina Watch』をベースに、最新の現地情報やその後の国際情勢の変化、メルマガ執筆時には気付かなかった視点を加え、大幅に加筆したもので、このシリーズ第三作目となる。

平成二九年晩夏

大阪市阿倍野界隈・独楽庵にて

石平

第2章 習近平がこだわり続ける核心とは何か?

第3章 独裁を阻まれた習近平・苦渋の選択

第5章 一帯一路構想の背景と中国の思惑

終章 わが亡き同志たちに捧げる鎮魂歌

第1章

奇妙なる米中関係を読み解く

トランプ政権の大攻勢に敗色濃厚と思われた二〇一七年の中国

二〇一七年を迎えた中国政府にとっての最大の外患は、誕生したばかりの米トランプ政権の対中攻勢と思われた。

なぜなら、大統領選で中国のことを「敵」だと明言してはばからないトランプ大統領の当選以来の一連の外交行動と人事布陣は、中国との全面対決に備えるものと解釈できたからである。

トランプ大統領は日本の安倍晋三《あべしんぞう》首相と親しく会談して同盟関係を固める一方、ロシアのプーチン大統領やフィリピンのドゥテルテ大統領とも電話会談し、オバマ政権下で悪化した両国との関係改善に乗り出した。見方によっては、それらの矢継ぎ早のアクションはすべて、来るべき「中国との対決」のための布石と理解できよう。

そして昨年一二月初旬、トランプは米国外交の長年のタブーを破って台湾の蔡英文《さいえいぶん》総統との電話会談を敢行し、中国の「一つの中国の原則」へ挑戦状を叩き付けた。対中外交戦の外堀を周到に埋めたトランプはいきなり北京の急所をついて本丸へ攻め込もうとする構えを見せたのである。

人事面では、トランプは新設の国家通商会議委員長と米通商代表部代表のそれぞれに、対中強硬派の面々を任命して対中国貿易戦の準備を整える一方、国防長官のポストには強硬派で鳴らすマティス元中央軍司令官を起用した。南シナ海での中国の軍事拡大を断固として封じ込める姿勢を示したのである。

おそらく政権発足直後から、トランプ政権は日米同盟を基軸とする対中包囲網を固めた上で、中国の急所となる台湾問題を外交カードに使い、習政権に強烈な揺さぶりをかけながら、南シナ海問題と米中貿易の両戦線において未曽有の大攻勢をかけていくつもりであった。

一方の習近平政権は、情勢の激変に対応しきれていなかった。心の準備も戦略上の布陣もできていないまま、退路のない「背水の陣」を強いられたかのように映った。トランプ主導の貿易戦争の展開により中国の対米貿易が大きく後退すれば、輸出こそが命綱の中国経済は深刻な打撃を受け、すでに危険水域にある経済の衰退にさらなる拍車をかける恐れがあった。

そして南シナ海では、これまでは有言不実行のオバマ政権の生ぬるさを幸いに軍事拡大をやすやすと進めてきたものの、トランプ政権と米海軍が中国の封じ込めに本気になってあたるならば、習政権の拡大戦略は頓挫し立ち往生してしまう可能性も十分にあると思われた。

習政権にとって政治的リスクが最も高いのは台湾問題への対処だ。ニクソン訪中以来、対米外交を含めた中国外交の土台は台湾というれっきとした国を国として認めない〝虚構〟の上に成り立っている。

トランプ政権が台湾問題を米中間の争点として持ち出し攻勢をかけてくると、中国からすればそれこそ「外交崩壊」につながる深刻な事態である。台湾問題への対処を間違えば、国内政治的にも習政権にとっても命取りとなりかねない。

結局、トランプ政権が仕掛けてくると予測される「貿易戦争」「南シナ海の対決」、そして「台湾問題の争点化」という三つの戦いに、習政権は今後、いや応なく応戦していくしかない。

中国がこの三つの戦いのすべてを制し、トランプ政権の攻勢を食い止めることはまず無理であろう。北京《ぺきん》ができることはせいぜい、どこかで折り合いを見つけて「一勝二敗」もしくは、あわよくば「一勝一敗一分け」程度に持ち込むことであろう。

問題は三つの戦いの一つにでも敗退してしまえば、中国国内の経済危機、政治危機の発生を誘発し、習政権を窮地に追い込むことになりかねないことであろう。とにかく二〇一七年の中国はトランプに振り回され、勝ち負けで言えば、敗色はかなり濃厚と思われる。

以上は、筆者が二〇一七年の年初に認めた「米中関係の先鋭化」をテーマにしたレポートである。ところが……

南シナ海問題に対する強硬姿勢を大幅に緩めた米国

今年三月一八日、東アジアを歴訪中の米国・ティラーソン国務長官は就任後初めて中国を訪問し、北京で王毅《おうき》外相と会談した。

中国外務省の発表によると、会談のなかで同長官は「米国は『一つの中国政策』を堅持し、中国と衝突せず、対抗せず、相互に尊重して両国関係がさらに発展することを願う」と述べたという。

翌一九日、同長官は中国の習近平国家主席とも会談したが、そのなかで彼は習主席に対して、「トランプ大統領が主席との早期の会談を期待している」と述べた。同時に、「米中は衝突せず、対抗せず、互いに尊重し、ウィンウィンの協力」を提案したと、中国メディアが伝えている。

このように同長官は、中国との友好関係構築の意欲を積極的に示した。しかしながら、それはトランプ政権の誕生前後において示した中国への厳しい対抗姿勢とは打って変わったものである。

たとえば今年一月一一日、国務長官に指名されたティラーソン長官は米国議会の公聴会で、中国が軍事的進出を進めている南シナ海問題に関し、「われわれは手始めに、中国の人工島の造成を中止させなければならない。中国によるこれら島々へのアクセスは認められない」と発言して波紋を呼んだ。

同発言を額面通りに受け止めれば、要するに米国は今後、場合によっては実力を持って中国の南シナ海での軍事行動を阻止するかもしれないという、この上なく強硬にして対抗姿勢の強いものであったわけだ。

実際、この発言を受けてNYタイムズのネット版は一月一六日、「南シナ海の人工島封鎖で米中衝突が現実に?」との署名記事を掲載して、米中間軍事衝突の可能性を本気で懸念していた。

ところがそれから二ヵ月後、当のティラーソン長官が北京へ出向いて「衝突せず、対抗せず、互いに尊重」と熱心に説いたわけだから、トランプ政権の対中姿勢は劇的に転換したと言わざるを得ない。

この「衝突せず、対抗せず、互いに尊重」の表現はもともと、習近平国家主席がオバマ前大統領に対して頻繁に持ちかけたものであるが、当時のオバマ大統領はそれに対して否定も肯定もせずに、単に聞き流した。

しかし、トランプ政権の国務長官が逆に中国側に対してそれを「提案」したとは、中国に対する態度の軟化というよりも、中国への迎合とも捉えるような卑屈な姿勢というしかない。

ティラーソン長官の訪中を受け、ワシントンポスト紙は「ティラーソンは北京に外交的勝利をもたらしたようだ」というタイトルの記事を掲載して、「一部の批評家は、ティラーソンは過度に頭を下げたと見る」と指摘したが、まさしくその通りであろう。トランプ政権は完全に北京に頭を下げてきた。

北朝鮮非核化が失敗に終わったのを認めたティラーソン長官

問題は、政権成立の当時から南シナ海問題や貿易問題などで中国にあれほど厳しい姿勢を示したトランプ政権が一転して、北京に頭を下げるほどの迎合姿勢を示すことになった理由である。

考えてみればその理由は一つしかない。キーワードは、「北朝鮮」である。

周知のとおり、北京訪問を含めたティラーソン国務長官の東アジア歴訪は、まさに北朝鮮問題対策のためであった。

今年二月一三日の金正恩《きむじょんうん》政権による金王朝ファミリー金正男《きむじょんなむ》の暗殺完遂後、北朝鮮は「在日米軍基地への攻撃訓練」と公言して日本近海にミサイルを四発も打ち込んだ。以来、北朝鮮危機は一気に米国の最大の関心事となった。

いよいよ暴走し始めた金正恩政権を前にして、北朝鮮からの核の脅威は米国とアジアの同盟国にとり、「いま、そこにある危機」となってしまったのだから。

危機を未然に防ぐため、トランプ政権は「斬首作戦」などの軍事攻撃も選択肢に含めた、北朝鮮の脅威を取り除くための根本的な解決策を本気で考え始めたようである。ティラーソン国務長官の東アジア訪問は、まさにこの「根本的な解決」のための地ならしと理解できよう。

たとえば日本訪問中にティラーソン長官は、岸田文雄《きしだふみお》外相との会談後の共同記者会見では、「北朝鮮を非核化しようとする二〇年間の努力は失敗に終わった。脅威がエスカレートしており、新たなアプローチが必要だ」と指摘した。そして安倍晋三首相との会談では、同長官はトランプ政権が進める北朝鮮政策の見直しを巡り、「すべての選択肢がテーブルに載っている」と示した。

同長官が示した「新たなアプローチ」「すべての選択肢」が北朝鮮に対する軍事行動の

実施を含めていることは明らかである。そのために米軍基地のある同盟国日本との合意と連携が必要となっており、ティラーソン長官訪日の最大の目的はここにあると断言できよう。

もちろん、軍事行動を検討するなら、もう一つの同盟国であり、北朝鮮問題の当事者である韓国との連携も大事であるから、日本訪問の次に同長官が足を運んだのは韓国であった。

超えるべきは中国の厚い壁という米国側の自覚

しかし問題は、韓国訪問の次に、ティラーソン長官はなぜ同盟国でもなんでもない中国へ赴いたかだ。

米国が軍事的攻撃を含めた北朝鮮問題の根本的な解決策を考える際、中国の存在と動向を無視できないからにほかならない。

まず軍事行動の場合から考えよう。米国は北朝鮮に対して軍事攻撃を実行する際、北朝鮮軍の抵抗はほとんど何とも思っていない。軍事力と軍事技術の彼我の差があまりにも大きすぎるからである。米国が唯一心配しなければならないのは中国の動向だ。

いまから六七年前の朝鮮戦争勃発時、国連軍の主力として朝鮮半島に進攻した米軍は、南侵した北朝鮮軍をいとも簡単に撃破して追い返した。だが、その直後に中国共産党軍が参戦すると、米軍は三年にわたっての苦戦を強いられ、中国軍のために約一四万人の死傷者を出した苦い経験がある。

だからいまになっても、米国は北朝鮮への軍事行動を考えるとき、朝鮮戦争の悪夢が頭をよぎってくるのであろう。

トランプ政権にしても、朝鮮戦争の二の舞にならないためには、北朝鮮に対する軍事攻撃を念頭に置く際には、まずは中国の黙認、了解を取り付けなければならない。

もちろん軍事行動のみならず、別の選択肢で北朝鮮問題の根本的解決を図る際においても、中国からの協力、少なくとも中国からの暗黙の了解を得なければ成功はおぼつかない。つまり、トランプ政権が本気で北朝鮮問題の解決を図るならば、まず超えるべきは中国の厚い壁という結論に集約されるわけである。

だからこそ、ティラーソン長官は東アジア歴訪の仕上げとして、最後に中国へ赴いた。そして彼は、先にふれたように、〝卑屈〟と思われるほど中国に平身低頭して、「衝突せず、対抗せず、相互に尊重」の友好姿勢を示さざるを得なかった。

それこそがトランプ政権の中国に対する姿勢転換の最大の理由であった。ところが中国にしてみれば、トランプ政権に態度を豹変させ、当時予想されていたトランプ政権の対中強硬姿勢を見事にかわしたことになる。

これは中国側の身勝手な解釈にすれば、外交上の大勝利であり、米国に対する立場の〝大逆転〟でもあったわけである。

不可解きわまりない金正男暗殺後の北朝鮮高官の訪中

明白なのは、金正男暗殺から日本海へのミサイル発射までの北朝鮮の一連の動きが、結局、中国を大いに助けたことだ。北朝鮮が暴走したからこそ、米国は中国に頭を下げなければならなかったからである。

金正男暗殺からの北朝鮮の一連の動きは、実にタイミングよく、中国の戦略的利益に適っていることになろう。

そうであるならば、北朝鮮の一連の動きの背後に中国の暗影はないのか、との疑念が生じてきても不思議ではない。

たとえば金正男の暗殺についても、これまで彼が中国政府の保護下にあったから、金正恩政権は簡単に手を出すことができなかった。したがって、暗殺断行に至ったのには、中国から何らかの形で「容認」を獲得したのではないか。

さらに不可解なことに、金正男暗殺後、北朝鮮に対する国際社会の風当たりが強いなか、二月二八日から北朝鮮の李吉聖《りぎるそん》外務次官が突如として北京を訪問しているのだ。

中国が保護していたはずの金正男が暗殺されてからわずか二週間後、暗殺に手を下した金正恩政権の高官の北京訪問を中国政府が受け入れたこと自体、不可解であった。

二月二八日から北京に滞在した李外務次官は、翌日に中国の王毅外相と会談した。会談のなかで王外相が「中朝の伝統的な友好をしっかりと発展させることが中国の一貫した立場だ。北朝鮮との意思疎通を強化したい」と述べたのに対し、李次官は「両国の友情は共同の財産。朝鮮半島情勢について中国との意思疎通を深めたい」と応じたという。

このような会談の雰囲気から、中国政府が金正男暗殺を〝本気〟で怒っていないことはよくわかる。さらに注目すべきは、李次官の北京滞在期間である。三月一日に王毅外相との会談を終えてからも彼は北京に滞在し、帰国したのは三月四日であったが、その間の李次官の動静はいっさい伝えられていない。

この間、李次官は中国側とさらに突っ込んだ話し合いをした、あるいは王毅外相以外の中国高官と秘密会談を行った、との可能性は大であろう。

そして李次官が帰国した二日後の三月六日、北朝鮮は「米軍基地への攻撃訓練」と称して日本海に四発のミサイルを打ち込んだ。

タイミング的には、この行動と李次官の北京訪問が無関係であるとは考えにくい。北朝鮮がこの冒険に踏み込んだ背後には、中国の暗黙の了解、あるいは積極的な支持があったのではないだろうか。

中国の画期的な譲歩を引き出したトランプ政権

四月六日、七日に行われた米中首脳会談において、中国の習近平国家主席はトランプ大統領に対し、画期的とも言うべき譲歩を余儀なくされた。米国が行おうとする北朝鮮に対する軍事攻撃に対し、習主席は実質上、それに対する容認の態度を示したことである。

筆者は当初より、「米国が本気で北朝鮮に対する軍事攻撃を考える際、一番心配しているのは中国の出方だ」との見方を示してきたが、米中首脳会談を通じて、トランプ政権はすでにこの心配事を取り除いた模様である。

首脳会談で北朝鮮問題が大きなテーマとなったことは多くの報道からも確認されている。ティラーソン米国務長官は会談終了後の記者会見で、「もし、中国が米国と連携できないのなら、米国は〝独自〟に進路を決める、と大統領は習主席に伝えた」と語ったことから勘案すると、トランプ大統領は明確に、北朝鮮に対する単独の軍事攻撃も辞さない決意を習主席に示したと思われる。

しかも、トランプ政権は意図的に米中首脳会談開始の日、両首脳の夕食会の最中にシリアに対する軍事攻撃を実行した。これもまた、習主席に対する外向的圧力を強く意識したものであろう。

こうした米国側の働きかけに対し、習主席はいったいどう反応したのか。

会談が終わって二日後の四月九日、ティラーソン米国務長官は実に重大な意味を持つ発言を行った。米ＣＢＳ放送の「Face The Nation」という番組で、北朝鮮問題と米中首脳会談について語ったとき、彼は次のような言葉を口にしたのだ。

「President Xi clearly understands, and I think agrees, that the situation has intensified and has reached a certain level of threat that action has to be taken.」

それを日本語に直訳すればこうなる。

「習主席ははっきりわかっている。しかも同意していると思う。（北朝鮮）情勢はすでに悪化して、行動をとるべき脅威のレベルに達していることを」

同長官がここで言う「とるべき行動」は当然ながら、従来の経済制裁ではなく、軍事攻撃を含めた新たな「行動」を指していると理解すべきであろう。

これに対し、相手の習主席は「はっきりとわかっているし、しかも同意していると思う」と同長官は明言した。つまり彼はここで、米国の行うかもしれない軍事攻撃に対し、すでに中国の習主席は容認したと強く示唆したのである。

そして、同長官はこう語ったのと同じ日、米軍の空母艦隊が朝鮮半島に向かって移動し始めたことが確認された。それは、トランプ政権の本気度を示した行動であると同時に、米軍の行う軍事攻撃に対し中国の習近平政権はもはや邪魔だてしないことを、トランプ政権がある程度の確信を得た、との証拠でもあろう。

今後、トランプ政権が実際に北朝鮮に対する軍事攻撃に踏み切るかどうかは別として、少なくとも中国の出方に対し、米国はもはや心配しなくなったことは確実だ。習政権が米国に大きく譲歩したことはまず間違いない。

しかしながら、これは中国にとり〝画期的〟とも言うべき大いなる譲歩であった。

中国から朝鮮半島の緩衝的な役割を託されてきた北朝鮮

過去の長い歴史において、歴代の中華帝国は朝鮮半島のことを自らの「勢力範囲」であるとの認識を持ち、それを守るために戦争を起こすことも辞さなかった。

最後の王朝である清国は、まさに朝鮮半島の権益を守るために、日本との間で日清戦争を戦って惨敗した。さらに、いまの中華人民共和国も建国早々、同じ理由で朝鮮戦争に参戦、米軍と数年間の死闘を繰り返して一〇〇人程度の死傷者を出した（中国公式は一七万人）。

当時、米軍を中心とする国連軍が三八度線を超えて北朝鮮領内に攻め込んだ途端、中国軍はさっそく半島になだれ込んで参戦した。この歴史の経緯からしても、北朝鮮領内への外国の軍事力侵入を阻止することが、中国にとり重要な国家戦略であることがわかる。朝鮮戦争への参戦を決めたのは当時の中国国家主席・毛沢東《もうたくとう》であったが、朝鮮戦争以来直近に至るまで、中国共産党の歴代政権はこの国家戦略を守り続けてきた。

この数年間、北朝鮮との関係が悪化したとはいえ、中国は一貫して北朝鮮の〝延命〟に手を貸しつつ、朝鮮半島の現状維持に腐心し、中国と米韓同盟との間の緩衝的な役割を北朝鮮に託してきた。

それがここにきて、習近平政権が北朝鮮に対する米国の軍事攻撃を容認することとなれば、それは中国が堅持してきた重要な国家戦略の転換であり、朝鮮半島に対する中国の地政学的権益と影響力の〝放棄〟にもなるのである。

米軍が軍事攻撃に踏み切った場合、中国がそのまま座して高みの見物でもすれば、北の体制は崩壊、朝鮮半島全体が米軍と米韓同盟の支配下に置かれてしまう可能性は大。そうなれば、中国は永久に朝鮮半島を失う。

すべては第一九回党大会のため

それを百も承知のうえ、習近平政権はいったいどうして、米国の北朝鮮攻撃に容認の態度をとったのか。ここでは二つの理由が考えられる。

一つは、トランプ政権は発足前後から、台湾問題や南シナ海問題、そして貿易不均衡の問題を持ち出して中国に対する攻勢を強めていたことにある。中国側からすれば、台湾問題と南シナ海問題はまさに自国の「核心的利益」に関わる問題で、絶対に守らなければならない。貿易問題に関しても、仮にトランプ政権が高い関税を設定して中国製品を米国市場から締め出すような行動に出てきたら、輸出依存型の中国経済は深刻な打撃を被るはずだ。

これらの二つの問題について、トランプ政権の矛先をかわし、中国の「核心的利益」と体制の土台である経済を守るために、習主席はトランプ大統領との会談に臨んだのであった。

つまり、習近平としては、自国の核心的利益を米国に〝尊重〟してもらうために、その交換条件として北朝鮮を差し出さざるをえなかったわけである

しかし、それにしても中国の伝統的国家戦略と国家利益を一夜にして放棄してしまう習主席の譲歩は、唐突にして拙速な感を否めない。米軍による北朝鮮の軍事攻撃にあっさりと同意したことは、おそらく今後、中国国内および政権内部からさまざまな反発を招くことにもなろう。

こうしてみると、習主席の大いなる譲歩には、もう一つ、彼自身の政治的思惑が関わっていたのではないかと考えられる。それには今秋、間もなく開催される中国共産党大会に向けての習主席自身の政治的スケジュールと、それに関連する彼の政権戦略がおおいに絡んでくる。

二〇一二年秋に習近平政権が発足して以来、習主席は一貫して政治権力を自らの手に集中させ、彼自身を頂点とする独裁的権力構造の構築に腐心してきた。

具体的には、「腐敗撲滅運動」の展開により政敵を次から次へと潰し、党内の幹部たちを威嚇して自らへの支持を強要する一方、党と国の宣伝機関・メディアを総動員して「習近平崇拝」の雰囲気を醸し出させてきた。

その結果、今年三月の全人代では習氏は党中央の〝核心〟としての地位を確立すること

に成功して、習近平独裁への一歩前進となったが、それはまだ完全なものであるとは言えない。

自らの権力基盤を盤石のものとするためには、習は今秋に開催予定の共産党第一九回党大会において人事や政策路線で各派閥を圧倒、「習近平独裁体制」の確立を図らなければならない。

〈習近平政権に摘発された主な指導者〉……カッコ内は最高地位

二〇一二年　薄熙来《はくきらい》（政治局員、重慶市党委員会書記）
二〇一四年　徐才厚《じょさいこう》（政治局員、中央軍事委員会副主席）
　　　　　　周永康《しゅうえいこう》（政治局常務委員）
　　　　　　令計画《れいけいかく》（中央委員、全国政治協商会議副主席）
二〇一五年　郭伯雄《かくはくゆう》（政治局員、中央軍事委員会副主席）
二〇一六年　黄興国《こうこうこく》（中央委員、天津市代理書記）
二〇一七年　孫政才《そんせいさい》（政治局員、重慶市党委員会書記）
（二〇一七年七月一七日付日本経済新聞より抜粋・まとめ）

もう一人の独裁者・金正恩を見殺しにした習近平

しかし、そこまでたどり着くには、依然としていくつかの不安要素がある。

一つは、習政権スタート以降続いている経済衰退の加速化であり、彼の政権の経済政策に対する不安が広がっていることである。詳細は後に譲るが、習近平がやっているのは、直截的に言うならば、国有企業に対しては至極寛大で、民営企業には締め付けが厳しい「国進民退」政策そのものである。

そしてもう一つは、やはり、米国との外交問題である。

習近平が国家主席になってから、以前のオバマ政権の下でも、南シナ海問題などを巡って米中対立が高まり、米中関係は非常に不安定になっていた。いまのトランプ政権となると、一時、トランプ大統領とその側近らは、南シナ海問題や貿易問題でオマバ政権時以上の対中強硬姿勢を示した。長年のタブーを破って中国にとっての最も敏感な台湾問題を持ち出して、中国との相克がかなり目立ってきた。

このような環境下で習近平政権はずっと守りの姿勢で、米国の攻勢をかわすのに精一杯の格好であった。

鄧小平の時代以降、対米外交はずっと中国の外交戦略の基軸として認識されており、歴代指導者は例外なく、対米関係を軌道に乗せて安定化させることによって初めて、自らの指導者としての立場を確立できた。世界最強国の米国と対等に渡り合い、中国の大国としての地位とメンツと国益を守ることで、中国国内においても本物の指導者として認められてきたわけである。

したがって、秋の党大会に向けての独裁体制づくりと強い指導者としての自らの地位の確立のため、習主席は一日も早く、トランプ政権との対立や摩擦に終止符を打つ必要に迫られていた。中国の大国としての地位を米国に認めてもらい、米国との「新型大国関係」の確立を急がなければならなかった。

それが背景となって、習主席は中国長年の伝統をあっさりと放棄して、米国の北朝鮮攻撃を容認するような姿勢を示したのであろう。

言ってみれば、習近平は自らの独裁体制の確立のために、もう一人の独裁者の金正恩を見殺しにすることにした、ということである。

しかし、習近平がそこまでしてトランプ政権に迎合し、国内における自らの権力基盤の強化と独裁体制の確立を急がねばならないのは、逆に、共産党政権内における習近平自身の権力基盤が依然として脆弱であることの証左であるとともに、彼が本物の独裁者になるのには依然として多くの困難があることを物語っている。

国内政治において、彼は依然として「弱い指導者」であるからこそ、外交上の失敗を避けて、逆に外交上の得点をもって自らの権威樹立に努めなければならないともいえよう。

実際、米中首脳会談に関する中国国内の報道を見ると、北朝鮮問題が会談の焦点となったことも、習主席が北朝鮮問題で米国に譲歩したことなどにも一切触れていない。

習主席の米国訪問は米中間の「新型大国関係」の樹立を大きく前進させた「歴史的大成功である」との宣伝一色となっているのは、習主席が対米外交の実績を何よりも欲しがっていることの表れにほかならない。

しかしそれでも、秋の党大会開催に向けて、習近平の独裁体制の確立を邪魔する要素は依然として存在しており、党大会後の最高指導部人事や権力構造が彼の思惑通りになるとは限らない。

中国の覇権主義戦略の隠れ蓑になっている北朝鮮の核の脅威

北朝鮮の核の脅威が増大し続けているなか、中国の役割が問われている。

米トランプ政権が問題解決へ向けて中国の役割を大いに期待しているのは言わずもがな

である。中国は果たして、期待されるような働きをしてくれるのだろうか。

北朝鮮は以前から、中国にすると確かに「言うことを聞かない厄介な弟分」という面を持ち合わせている。しかしその一方で、北朝鮮はさまざまな利用価値のある「貴重な存在」でもあるのだ。

たとえば、鄧小平時代以降の中国の歴代政権が最も重要視している対米外交において、北朝鮮は時々、中国にとって有効なカードの一枚になってきた。

北朝鮮が何らかの際どい手口でもって暴れ出すと、米国は必ずと言っていいほど中国に頭を下げて協力を求めてきたことから、その分、中国の米国に対する立場が強くなってきたのであった。

いまの米中関係についても、それがまったくあてはまる。

当選した当時、中国に対して厳しい姿勢を示していたトランプ大統領は、その後徐々に態度を変え、習近平国家主席に「絶対的な信頼をおく」と公言するまでに至っているが、大統領の〝豹変〟が北朝鮮危機に因るものであることは明白だ。

ある意味では、北朝鮮危機のおかげで習主席は、本来なら中国に向けられたはずのトランプ政権の矛先をうまくかわすことができたわけである。

世界に脅威を与えている北朝鮮の核保有も、中国の目からすれば別の意味を持つものとなる。北朝鮮の核が世界にとって脅威であればあるほど、その脅威が現実的なものとなればなるほど、アジアや世界に対する中国の軍事的脅威は影を薄め、頭の片隅へと追いやられてしまうからである。

実際、今年に入って北朝鮮危機が高まって以来、中国が南シナ海で何をしているかは、もはやアメリカやアジア諸国の関心の焦点ではなくなっているとさえいえよう。そういう意味で北朝鮮の核の脅威は、中国が自らの覇権主義戦略をひそかに推進していくための「隠れ蓑」にもなっている。

北朝鮮の存在と脅威が中国にとってそれほど有用なものであるなら、習近平政権は決して、北朝鮮問題の完全解決に〝本腰〟を入れようとしないであろう。実際に今夏まで中国が問題解決のために奔走した痕跡はまったくないし、北朝鮮の核放棄に向かって何かの決定的な解決策を打ち出したこともない。

中国の王毅外相に至っては、「解決の鍵は中国の手にはない」と強調する一方、「北朝鮮危機が制御不能となる可能性がある」と、まるで〝傍観者〟であるかのような態度を装っている。

世界一信用できない男になりかねない習近平

中国は本気で北朝鮮問題を何とかしようとは考えていない。それもそのはずである。北朝鮮が「問題」であって「脅威」であるからこそ、中国にとって利用価値があるのだから。

北朝鮮問題が完全解決された暁には、中国は一気に、対米外交における最も有力なカードと、自らの拡大戦略推進の「隠れ蓑」を失うのである。

したがって、習近平政権はトランプ大統領に協力する素ぶりで〝努力〟しているかのように見せかけるのみだ。石油供給の完全停止など、北朝鮮の動きにとどめを刺すような「必殺の剣」を抜くつもりはない。おそらくトランプ大統領もそれを承知しており、習主席がもはや頼りにならないと悟ったからこそ、金正恩朝鮮労働党委員長との直接対話の可能性に言及して、それを模索し始めているのだ。

しかしもし、トランプ大統領と金正恩氏との直接対話が実現し、北朝鮮問題解決の道筋がつけられた場合、習主席自身が世界一の「信用できない男」になってしまうだけでなく、トランプ政権の矛先は再び中国へ向けられることになろう。

閑話休題

「トランプ、与しやすし」の楽観論から醒めた中国……………

米中関係で昨年の掉尾を飾ったのは、南シナ海のフィリピン沖の公海で米海軍の無人潜水機が中国海軍の艦船に奪われた一件であった。

米国防総省はこれを国際法違反として、外交ルートを通じて中国側に速やかな返還を求めた。対する中国国防省はそれをあっさりと認め、「適切な方法を通じて米軍側に引き渡す」と表明、数日後、同潜水機は米軍側に引き渡された。

これで一件落着であろうが、問題は、この騒ぎの背景に何が横たわっているかである。米軍が無人潜水機を使って南シナ海で偵察や海洋調査の活動を行うのは以前からのことだから、ここにきて中国海軍が突如、米軍に喧嘩を売る形で潜水機を奪取したのは何らかの特別な理由があるはずだ。

タイミングからすれば、台湾の蔡英文総統との電話会談に踏み切って「一つの中国の原則」をないがしろにしたトランプ次期大統領への対抗措置であったと解釈する以外にない。実際、日本および海外の主要メディアの多くは、「台湾問題の関連でトランプ次期大統領に対する牽制・警告だ」との見方を示した。

つまり中国が、「一つの中国の原則」を壊そうとしたトランプへの反撃として前出の行動に出たわけだが、よく考えてみれば、この肝心の反撃行動自体、いかにも姑息にしてピント外れのものであった。

持ち主のいないところでその所有物をこっそりと盗んだ程度のことなら相手に対する有効な「警告」になるはずもないし、ましてや持ち主に一喝されて盗んだモノをあっさりと返すようなやり方は、国際社会の笑い種となることはあっても、トランプ次期大統領に対する「牽制」にはまったくならない。

実際、中国側が「返還する」と表明したのに対し、当のトランプは冷笑的な態度で「返さなくてもよい」と突き放したほどであった。

本来なら、中国政府からすれば「一つの中国の原則」は自らの核心利益に関わる基本原則であるから、それを侵すような行為は断固として許せないところだ。しかしこの原則を公然と踏みにじったトランプ次期大統領に対し、習近平政権は姑息な手段を使った以外には何の有効な反撃措置をも打ち出せなかった。

この場合、しばらく自重してトランプ政権が発足してからの動向を見極めるのも、あるいはすぐさまトランプ側に決定的な一撃を加えて中国の本気度を思い知らせるのも、中国にとっての合理的選択肢となるのだが、習近平政権は二つの合理的行動のいずれも取ることができなかった。彼らは結局、米軍の無人機を盗み取るような姑息な行動で自らの反応を示し、中途半端な形でその幕引きを図った。

しかしそれは、確信犯であるトランプ次期大統領に何の警告的な効果もないこともさることながら、台湾問題に関するトランプの言動に批判的なオバマ政権にまで無意味な喧嘩を売ることとなった。そしてその行動は結果的に、政権の交代とは関係のない米海軍を敵に回してしまい、中国に対する敵愾心をより一層刺激することになったはずである。

このようにして、「一つの中国の原則」を覆そうとした「トランプショック」に対し、習近平政権はどうすればよいのかわからないような戦略的混乱と無為無策に陥っている。逆に言えば、台湾問題を持ち出して中国に揺さぶりをかけるトランプの戦略は、緒戦段階から大きな成果を収めているのである。

ドナルド・トランプが米国大統領に当選した直後、中国国内では「トランプ、与しやすし」の歓迎ムードにあふれた。だが、当初の楽観論はこれで完全に裏切られた模様である。

第2章

習近平がこだわり続ける核心とは何か?

注目される第一九回党大会における最高指導部五名の入れ替え人事

現在中国共産党は約九〇〇〇万名の党員を擁し、党代表が二五〇〇名、中央委員が二〇〇名、中央政治局委員が二五名、そして中国における事実上の最高指導部・最高意思決定機関である中央政治局常務委員会・常務委員が七名というピラミッドで構成されている。このような集団指導体制を設計したのは、鄧小平と言われている。

頂にある政治局常務委員の数は九名であったり、七名であったりするが、とにかく奇数。なぜなら、政策はこの政治局常務委員の投票で決定されるからで、偶数ならば同数の可能性があるからだ。ちなみに政治局常務委員の数の変遷は以下のとおりである。

鄧小平時代　五名（趙《ちょう》紫陽《しよう》総書記の政権）
江沢民時代　七名
胡錦濤時代　九名
習近平時代　七名

当然ながら、政治局常務委員の投票行動にはその出身母体の意向が反映される。

以下は現時点での政治局常務委員、いわゆるチャイナセブンのパワーバランスである。

①習近平　太子党　総書記、国家主席、党および国家中央軍事委員会主席
②李克強《りこくきょう》　共青団　国務院総理
③張徳江《ちょうとくこう》　上海閥（江沢民派）　全国人民代表大会常務委員長
④兪正声《ゆせいせい》　上海閥（江沢民派）　政治協商会議全国委員会主席
⑤劉雲山《りゅううんざん》　上海閥（江沢民派）
　党中央書記処常務書記、党中央精神文明建設指導委員会主任、党中央党校校長
⑥王岐山《おうきざん》　太子党　党中央規律検査委員会書記
⑦張高麗《ちょうこうらい》　上海閥（江沢民派）　国務院筆頭副総理

今年一一月に開かれる第一九回共産党大会が早くから注目を浴びるのにはもっともな理由がある。五年に一度の最高指導部を司る政治局常務委員の改選人事が行われるからだ。

政治局常務委員は就任時点で六七歳以下でなければ留任できないとする定年制があることから、上海閥の四名、さらに習近平の盟友とされ党中央規律検査委員会トップとして辣

腕をふるってきた王岐山、計五名が退くはこびとなる。

この六七歳定年制や最高指導者の任期（二期一〇年）が憲法に明記されたものでなく共産党の慣例的な不文律であるため、いまや核心の地位を〝固めた〟とされる習近平がそれを力づくで破るといった憶測が流れた時期もあったけれど、さすがの習近平もそこまで愚かではなかったようだ。

習近平はある事情からそれを断念しなければならなくなったわけだが、そのある事情についてはあとで詳述したい。

さて、最高指導部である中央政治局常務委員に欠員が出るときには、通常、その直下組織である中央政治局委員二五名（中央政治局常務委員七名は中央政治局委員を兼任するため実際には一八名）のなかから選出される決まりとなっている。そのメンバーは以下のとおり。

馬凱《ばかい》、王滬寧《おうこねい》、劉延東《りゅうえんとう》、劉奇葆《りゅうきほう》、許其亮《きょきりょう》、孫春蘭《そんしゅんらん》、孫政才、李建国《りけんこく》、李源潮《りげんちょう》、汪洋《おうよう》、張《ちょう》春賢《しゅんけん》、范長竜《はんちょうりゅう》、孟建柱《もうけんちゅう》、趙楽際《ちょうらくさい》、胡春華《こしゅんか》、栗戦書《りつせんしょ》、郭金竜《かくきんりゅう》、韓正《かんせい》。

この一八名のなかから脱落者が出た。若手の孫政才である。今年七月一五日、中央規律検査委員会が重慶市《じゅうけいし》トップの孫政才市党委員会書記（五三歳）を重大な規律違反の疑いで調査中との報道があった。

孫政才は二〇〇六年、四三歳の若さで農業部長（農林大臣に相当）、二〇〇九年には吉林省《きつりんしょう》党委書記、二〇一二年には重慶市党委書記に就任。同時に中央政治局委員入りを果たした。

日本のメディアは孫政才の所属派閥についてあれこれ憶測しているようだが、実際には上海閥（江沢民派）との関係が非常に強い人物である。

孫政才失脚のニュースが驚きをもって受け止められたのは、現役の中央政治局委員が摘発の対象となったからだった。それにしても重慶市トップの腐敗摘発が相次いでいる。二〇一二年の重慶市書記の薄熙来、今年四月の重慶市副市長兼公安局長・何挺《なんちょう》、そして今回の孫政才である。孫の後任には習近平側近の陳敏爾《ちんびんじ》貴州省《きしゅうしょう》党委書記があてられた。陳敏爾は習近平国家主席の最側近として知られる。重慶市の引き締めのための登用と思われる。陳敏爾は中央政府のなかでは党中央委員（二〇〇名）を務める。

核心とはチャイナセブンを〝超越〟する存在

　ところで、中国の各地方の指導者たちが競うように、「習近平核心を支持する」と称揚しだしたのは、昨年の一月あたりからであった。

　最初に核心という言葉を使って習近平を持ち上げたのは天津《てんしん》市《し》党委代理書記の黄興国で、その後昨年三月の全人代までにおおよそ二〇人の地方リーダーが続いた。そして全人代の開幕式において、李克強首相までもが演説のなかで「習近平核心」と口にしたのは強く印象に残った。

　そもそも核心とは何なのか。なぜ習近平が自身を「核心」と位置付けることに異様にこだわっているのかと、疑問を呈されている読者諸氏も多いかもしれない。

　核心とは、〝別格〟の最高指導者を意味するものだ。

　先に論じたとおり、いまの中国の最高決定機関は国務院政治局常務委員会、チャイナセブンの多数決により、すべてを決めている。だが、核心とはそれを〝超越〟する存在のことなのである。具体的に申せば、チャイナセブンが多数決で決めた結論を覆すことができる権力者が核心ということになる。中国における完全な独裁者、現代の皇帝と言っていいだろう。
　以下は中国共産党の世代別最高指導者だ。

第一世代　毛沢東　一九四九〜一九七八　大躍進、文化大革命　毛沢東思想
第二世代　鄧小平　一九七八〜一九九二　天安門事件、改革開放　鄧小平理論
第三世代　江沢民　一九九二〜二〇〇三　反日教育、国有企業改革　三つの代表の重要思想
第四世代　胡錦濤　二〇〇三〜二〇一二　北京五輪、高速鉄道事故　科学的発展観
第五世代　習近平　二〇一二〜　？　腐敗撲滅、新常態

　この五名の最高指導者のうち、明らかに核心の存在感を備えているのは毛沢東と鄧小平だろう。江沢民も毛と鄧に倣って核心と呼ばれるよう、「江沢民を核心とする党中央」という表現を躍起になって用いたが、ついに定着することはなかった。現状維持に汲々とした胡錦濤は、そうした野心を見せなかった。
　考えてみれば、江沢民と胡錦濤の二人が最高指導者になれたのは鄧小平の指名があったからで、その意味で核心になれなかったのかもしれない。また習近平にしても、地方から

の「習近平核心」の合唱は、習自身がそうした運動を促した結果であり、いわば自作自演の産物にほかならない。

自画自賛の核心で終わるのかもしれない習近平

習近平は自作自演までして政権の核心になりたがっているけれど、野心の実現には届かないと筆者は思っている。

昨年一〇月二七日に閉幕した中国共産党第一八期中央委員会第六回総会（6中総会）の総括コミュニケに「習近平同志を核心とする党中央」と明記されたことから、日本メディアに「習近平への権力集中が進む」との見方が広がったが、実際はどうだったか。

6中総会開催前の一〇月一六日、新華社通信は中央指導部メンバーの動向に関するニュースを配信した。政治局委員の張春賢が「党の建設工作に関する中央指導小組副組長」の肩書で地方視察を行ったという。

張は昨年八月、新疆《しんきょう》ウイグル自治区党委員会書記を退任して中央に戻ってから、その去就が注目されていたが、前述の地方視察ニュースにより、「副組長」という彼の新しいポストが判明した。この目立たないポストが実は張の今後の前途洋々を〝暗示〟している。党内のイデオロギー統制を担当する「党の建設工作に関する中央指導小組」の組長になっているのは政治局常務委員・劉雲山である。

政治局常務委員といえば、それこそ共産党の最高指導部を構成する「チャイナセブン」のメンバーだが、劉は六九歳の高齢であり、今秋開かれる共産党第一九回大会で引退するはこびである。と同時に、前述の小組副組長となった張春賢が、劉の後を継いで組長に昇任する見通しだ。それに伴い、政治局委員である張に、政治局常務委員へと昇進する道が開かれる可能性はかなりの確率で高いのである。

第一九回党大会開催の一年前の張春賢の副組長就任は、この党大会における彼の政治局常務委員昇進の布石だと理解されている。問題は、張が次の党大会で最高指導部に入る見込みとなっていることが何を意味しているかである。

張春賢は新疆ウイグル自治区党委員会書記時代、習近平総書記（国家主席）に関する二つの微妙な動きで注目されたことがあった。一つは、昨年三月四日、新疆ウイグル自治区主管のニュースサイト『無界新聞』に、「習近平引退勧告」の公開書簡が掲載されたことである。

地方政府主管のメディアで共産党トップの「引退」を勧告する文章が掲載されるとは、驚天動地の大事件であるが、問題はその「黒幕」が誰だったのかである。当時から、一部の香港メディアや米国に拠点を置く中国系メディアは、新疆ウイグル自治区の最高責任者である張春賢の関与の可能性を報じたが、真相はいまでも不明のままである。

その直後の三月二〇日、張春賢のもう一つの言動がさらに注目を集めた。当時、習近平総書記の息がかかっている一部の地方トップが習を「党の核心」として擁立する運動を起こしている最中であった。北京で開かれた全人代の新疆代表団会見で、張春賢は記者から「習氏を核心として支持するか」と質問を受けたとき、「その話は改めて」と答えを避けたのだった。

中国の政治文化のなかでは、答えを避けたことはすなわち「支持しない」との意思表明である。これで張春賢は「反習近平」の姿勢を明確にしたと理解されたのである。「反習近平」のこの彼が無傷であるどころか、中央に戻って出世コースの副組長に就任し、来年の党大会で政治局常務委員となって最高指導部入りを果たすことができそうなのだ。

こうした事実は、習近平が党中央を完全に牛耳っていないことを物語っていた。今秋の党大会で、次期最高指導部の人事が決して習の意のままにならない前触れと捉えるのが自然であろう。

冒頭に取り上げた共産6中総会の総括コミュニケは、習近平を「核心」だと位置づける一方、党の集団的指導体制や「党内民主」をことさらに強調しているから、いまの共産党内では「習の権力集中が進んでいる」とは一概にいえない。第一九回党大会の開催に向けて、党内闘争はさらに激しくなる見通しである。

鄧小平が手にした真の核心には手が届かず、習近平は自画自賛の核心で終わるのかもしれない。

今秋の党大会に向けてのポイント

先に、今月四月に行われた米中首脳会談で、中国の習近平国家主席はトランプ大統領に対し、画期的とも言うべき譲歩を余儀なくされたと記述した。

実は同首脳会談には、中国共産党政権の内部における権力闘争の行く末を占うための重要なヒントも隠されていた。

現在、共産党内の権力闘争の焦点となっているのは、今秋開催予定の共産党第一九回全国代表大会における最高指導部人事の入れ替えである。

二〇一二年一一月開催の共産党第一八回全国代表大会では、習近平が共産党総書記に選ばれ、習近平政権が誕生した。実は同大会で誕生した政治局常務委員会、すなわち最高指導部の人事は、習近平にとってははなはだ不本意なものであった。

政治局常務委員の七名のうち、いわば「習近平派」となっているのは彼自身と盟友の王岐山の二人。後述の共青団派からは李克強一人、他の四名は全員、江沢民派（上海閥）のメンバーか、江沢民の息がかかっている人たちであった。

それ以来四年あまり、習近平は江沢民派を〝目の敵〟にして叩き潰しにかかった。彼は盟友の王岐山を腐敗摘発の専門機関である「党規律検査委員会」の主任に据えた。腐敗摘発を政治闘争の武器にし、すでに引退した江沢民派の幹部たちを片っ端から摘発して潰す一方、これをもって、政治局常務委員となっている江沢民派の幹部たちを恫喝した。

こうした習近平のアクションは、最高指導部における江沢民派幹部を黙らせてしまい、習に正面から反抗する者は消えた。結果的には、習への権力集中が急速に進んでいった。

そして今秋に開かれる共産党一九回大会では、政治局常務委員である江沢民派の四人の幹部全員が高齢のため引退する運びとなっており、政治局常務委員会人事の大幅な入れ替わりが予定されている。

来たるべき五年に一度の党大会は当然ながら、習近平にとり、自派の同志を最高指導部に引き上げることで、本格的な習近平政権を築き上げる絶好のチャンスである。

習近平の目の上のタンコブとなる共青団派の台頭

だが、今回、別の派閥が習近平の邪魔となっている。首相の李克強が所属する、いや大番頭を務めている共青団派である。

共青団派とは、習の前任の共産党総書記・国家主席だった胡錦濤がつくり上げた大派閥で、正式には中国共産主義青年団という。ここは中国共産党の外郭団体で、党の予備軍的組織である。

共青団派のトップを務めていた胡錦濤は二〇〇二年に共産党の最高指導者に就任以降、出身派閥の共青団派から同志たちを大量に抜擢してきて、党と国家の要職に据えた。そして二〇一二年一一月、胡は「二期一〇年」の任期満了をもって党総書記のポストを習近平に明け渡す際、それとの引き換えに、共青団派の五〇代の若手幹部を共産党政治局（政治局常務委員会の下部組織）に送り込むことに成功した。

先に、今秋の一九回党大会において、政治局常務委員会人事の大幅な入れ替わりが行われると述べたが、現在、その一段下の政治局に入っている共青団派、すなわち胡錦濤派の五〇代、あるいは六〇代になったばかりの幹部たちが政治局常務委員に昇進してくる流れをこしらえたのが御大の胡錦濤であったわけである。

だがそれでは、来たる党大会で誕生するのは、本格的な習近平政権ではなく、実質上の「胡錦濤政権」となってしまう。

これは当然ながら、現役の党総書記・国家主席の習近平にとって、何とか阻止すべき由々しき事態であるに違いない。

実際、習近平はこの数年、腐敗摘発で江沢民派を叩き潰す一方、共青団派に対する圧迫も牽制も忘れていない。本来、首相である李克強が管轄する領域である経済運営にも足を踏み入れ、李から経済運営の決定権を奪ったことはその現れの一つである。

しかし、いまになってみると、どうやら習近平の努力は無駄に終わってしまい、次の党大会における共青団派勢力の台頭はもはや止められない勢いとなっている様相である。それは、四月の米中首脳会談における中国側の参加者の顔ぶれを見れば一目瞭然だ。

政治局常務委員への昇進が確実視されている王滬寧、栗戦書

同首脳会談は、習近平主席とトランプ大統領の初会談であると同時に、習近平政権と誕生したばかりのトランプ政権との初会合でもあることから、その参加メンバーの顔ぶれも

注目すべきポイントの一つであった。

米国側の参加者には国務長官のティラーソンなどの主要閣僚のほか、晩餐会には大統領がもっとも信頼する娘のイバンカ夫妻も同席していた。

一方、中国側の参加者は、習主席本人を除くと以下の顔ぶれとなっていた。共産党政治局委員・党中央政策研究室主任の王滬寧、政治局委員・副首相の汪洋、政治局委員・党中央弁公室主任の栗戦書、外交統括担当国務委員の楊潔篪《ようけっち》、そして中央軍事委員会連合参謀部参謀長の房峰輝《ぼうほうき》。

なかでも王滬寧は江沢民政権・胡錦濤政権の両政権で長らく中央政策研究室の主任を務めてきた、いわば共産党政権の最高ブレーンの役割を担ってきた。彼はブレーンとして歴代指導者に仕えていて〝派閥色〟がほとんどないことから、いまの習近平政権になってから重用されている。先の党大会においても、王滬寧の政治局常務委員への昇進はほぼ確実視されている。

党中央弁公室主任の栗戦書は習近平主席の側近中の側近として知られ、習のいわば女房役・右腕的な存在である。したがって、次の党大会では彼もほぼ間違いなく、政治局常務委員に昇進し、最高指導部の一員となる可能性が高い。

そして王滬寧、栗戦書と並び政治局常務委員に昇進すると思われるのが、米中首脳会談の正式会談の場で常に習主席の隣に座っていた現在の副首相の汪洋である。

汪洋は一九八一年に安徽省宿県《あんきしょう》の共青団副書記に就任して以来、安徽省の共青団宣伝部長、安徽省共青団副書記へと昇進してきたバリバリの共青団派の出身幹部である。二〇〇七年、政府直轄市である重慶市共産党書記の在任中に、当時の党総書記・国家主席の胡錦濤に抜擢されて政治局委員に昇進した。それ以来、彼は共青団派においては胡錦濤、李克強に注ぐ序列第三位の主要幹部となった。

二〇一二年秋の第一八回党大会では、広東省の共産党書記であった彼が胡錦濤の強い推薦を受け、政治局常務委員に昇進する見通しであったが、結局、江沢民派勢力に阻まれて叶わなかった。しかし、翌二〇一三年、汪洋は中央に抜擢され、政治局常務委員の張高麗らと並んで、国務院副総理（副首相）になった。

習近平より二歳下で、今年六二歳になった汪洋はいまの政治局委員のなかでは〝若手〟の部類に入る。今秋の党大会において彼がどういう待遇を受けるのか、念願の政治局常務委員昇進が叶うのかどうかは、以前から中国政界の注目すべきポイントの一つと言われてきた。

今回、汪洋は政治局常務委員入りが確実視されている前述の王滬寧氏や栗戦書氏と並んで、米中首脳会談の中国側の主要メンバーとなっていることからすれば、どうやら今度こそ、彼は一段昇進して最高指導部入りを果たすことになるのではないか。

政治局常務委員と首相の座を射止める共青団派・汪洋

汪洋が政治局常務委員に昇進した場合、来年三月に開かれる全国人民代表大会において、李克強の跡を継いで国務院総理（首相）に収まる可能性が高い。

その際、李克強は政治局常務委員のまま、もう一つの主要ポストである全国人民大会常務委員会主任（日本で言えば国会議長）に就任することとなろう。

いまの全国人民代表大会常務委員会主任の張徳江はすでに七一歳の高齢であり、しかも消えていく運命の江沢民派幹部。今秋の党大会では確実に引退に追い込まれて、来春の全人代では当然、全人代常務委員会主任のポストを手放すこととなる。

そうなると、誰かが張の後を継ぐことになるわけだが、その際、いまの首相である李克強が首相職を副首相の誰かに譲り、名目上は首相よりも地位が高い全人代常務委員会主任に収まるのはもっとも自然な流れである。

通常ならば、いまの筆頭副首相の張高麗（江沢民派）が昇格の一番手に目されるはずだが、高齢で定年制に引っかかることから引退が決まっている。そこで次期首相に最有力視されているのが、このときにはすでに政治局常務委員となっている汪洋である。

今春の米中首脳会談において、汪洋は副首相として習主席と共に会談に臨んだ。しかも、首脳会談の前、彼は米国の財務長官や商務長官との個別会談を次から次へとこなしていたことをみると、汪洋はすでに、今後の中国政府の対米経済交渉の最高責任者となっている感が強い。

こうした流れからすると、今秋の党大会で汪洋はまず政治局常務委員に昇進して、来春の全国人民代表大会においては李首相の後を継いで次期首相となる可能性は大であろう。つまり、来年以降も、中央政府に当たる国務院は依然として、胡錦濤率いる共青団派の牙城であり続けるのである。


以上みてきたように、次の党大会以降も、胡錦濤の共青団派は依然として大きな勢力を保ち、党・政府・軍のなかでの要職を占め、国家主席の習近平と権力を分かち合うこととなる見通しが強い。

これでは、党大会後に誕生する政権は、結局、習近平と共青団派との「連合政権」となるしかない。習近平が望んでいる自分自身への権力集中、「習近平を核心とする党中央」を実現するのはもはや不可能と思われる。

おそらく彼はすでに、このような権力構造の形成を受け入れることにした。だからこそ、自分の側近の栗戦書らと一緒に、汪洋を、トランプ政権との初会合に連れていくこととなったのであろう。

そういう意味では、今春の米中首脳会談から中国共産党党内の権力闘争の今後の行方と、近い将来において形成すべき権力構造の形がはっきりと見えてきていると思う。引退する前の胡錦濤が打った布石はいまでも生きていて、将来においても生きていくのであろう。

胡錦濤の薫陶を受けた胡春華の約束された出世

ここまで、五年前に中国共産党前総書記の胡錦濤が引退の際に打った布石が、いまやその効果を発揮し、次の党大会人事を左右する大きな要素となっていると言及してきた。

実は胡錦濤は二〇一二年一一月に引退する前に、もう一つ重要な人事面の布石を打っていた。そしてそれは、今秋の党大会のみならず、二〇二二年開催予定の第二〇回党大会の人事までを〝射程〟に入れた恐るべき遠謀であった。

この布石となる人物こそ、現在、中国共産党広東省《かんとんしょう》党委員会書記を務める胡春華である。

胡春華とはいったい何者なのか。

その経歴を簡単に見てみよう。一九六三年生まれの胡春華は八三年に北京大学文学部を卒業後、チベット自治区の共産党主義青年団（共青団）組織部に配属された。以来約九年間、主にチベット自治区の共青団組織に勤務、八七年から九二年まではチベット共青団の副書記を務めた。

中国の政治事情を知っている読者諸氏なら、この経歴を見ただけで、胡春華が共産党前総書記の胡錦濤の率いる「共青団派」の本流を歩んできた人間であることがすぐわかるはずだ。しかも、数多い共青団派幹部のなかでも、この胡春華ほどボスの胡錦濤の下で長く仕え、薫陶を受けた者はいない。

胡錦濤は一九八八年から九二年までの四年間、中国共産党チベット党委員会書記を務めた。そして前述のとおり、胡春華も八七年から九二年まで、チベット共青団の副書記を務めた。

共青団は共産党の下部組織であるから、この期間、二人の胡には多くの接点、接触があったはずである。しかも胡錦濤自身は地方勤務の前に、共青団中央のトップを長年務めたこともあるから、共青団組織の幹部に特別に目をかけていたことは当然であろう。まさにこの時代、年の差が二一歳もあるこの二人の胡の間にきわめて強固な「子弟」関係が構築されたのは想像に難くない。

一九九二年秋開催の党大会で、胡錦濤はチベットから中央へ抜擢されるとともに、共産党政治局常務委員となって最高指導部入りを果たした。そして一〇年後の二〇〇二年秋の党大会で、胡錦濤が共産党総書記に任命されて党の最高指導者となると、子飼いの胡春華の出世街道は一気に開かれた。

二〇〇三年、胡春華はチベット自治区共産党委員会の副書記に昇進したのち、二〇〇六年にはボスの胡錦濤がかつて務めた共青団中央第一書記に抜擢された。そして二〇〇八年からは河北省《かほくしょう》共産党委員会書記、二〇〇九年からは内蒙古《うちもうこ》自治区共産党委員会書記を歴任した。名実ともに一地方のトップとなった胡春華は、出世街道をいよいよ走り始める。

胡錦濤が描いた共青団派の次期政権戦略

胡春華にとっての決定的な大出世は、その三年後にやってきた。

二〇一二年一一月に開催された第一八回党大会で胡錦濤は引退、共産党総書記のポストを後任の習近平に明け渡した。その引き換えに、胡錦濤は汪洋の政治局委員昇進や房峰輝の軍参謀総長の抜擢などの一連の人事を断行し、今後の政治的布石を打ったことは先に記した。

実はそのときに胡錦濤が打ったもっとも重要な布石は、胡春華の昇進であったと筆者は考察する。

この党大会で胡春華は内蒙古自治区の党書記として政治局員に抜擢された。そしてその直後に彼はさらに中央政治局委員に抜擢された汪洋の後釜に座る形で、重要行政区の広東省の党書記に栄転した。

弱冠四九歳（当時）の胡春華が政治局委員に抜擢され、しかも重要行政区の広東省のトップとなったのは当然ながら、胡錦濤の強烈なプッシュによるものだ。

要するに胡錦濤は、習近平に共産党トップの座を明け渡した代わりに、早々とポスト習近平を見据えて子飼いの胡春華を習近平の後継者の地位に押し上げようとしたのである。その際、胡錦濤の考える次期政権戦略はこうである。

・まずは二〇一二年の党大会で胡春華を政治局に昇進させてから、中国経済の重みを担う広東省で実績をつくらせる。

・そして、最高指導部の政治局常務委員が大幅に入れ替わる二〇一七年秋（すなわち今秋）の第一九回党大会において、胡春華を政治局常務委員に昇進させる。

・胡春華が政治局常務委員になると、当然、広東省から離れて中央へ転籍することになる。

二〇一八年三月開催の全国人民代表大会において、胡春華に国家副主席のポストを与える。実は、政治局常務委員兼副主席は、胡錦濤と習近平が最高指導者になる〝直前〟の立場である。ここまで首尾よく胡春華の出世が進捗すれば、胡春華の天下取りはほぼ確実となる。

・二〇二二年秋開催の第二〇回党大会で習近平は「共産党トップの任期は二期一〇年」とする慣例にしたがって引退する。その時点で五九歳の胡春華は党総書記に就任し、党と国家の最高指導者となる。

胡春華への政権委譲を暗に認めた習近平

前項に示したような胡錦濤と共青団の描く「ポスト習近平」への青写真を、習近平が快く思うはずはない。そもそも習近平は「二期一〇年」の慣例を破って自らの任期をさらに伸ばす腹づもりであったし、たとえ第二〇回党大会で引退するとしても、最高指導者のポストを共青団派の胡春華にではなく、自分の子飼いの部下に渡したいはずであるからだ。

そのために昨年から、習総書記サイドは胡春華の天下取りを〝潰す〟べく動き始めた。ところにより一時期、胡春華がポスト習近平レースから外されたとの見方も広がった。ところが、この動きに対抗して、共青団の領袖の胡錦濤が今年一月に広東省を訪問、胡春華へのテコ入れを公然と行った。

こうした流れのなか、ポスト習近平の行方と胡春華氏の前途を占う上で重要な意味を持つ動きがあった。

今年四月一二日、中国共産党広東省党委員会・機関紙の『南方日報』は一面トップで、習近平国家主席が広東省党委員会・政府の活動に対し、「重要指示」を下したと伝えた。

広東省党委員会・政府に寄せたこの重要指示のなかで、習主席は第一八回党大会以来の広東省党・政府の活動ぶりを十分に評価した上で、広東省は今後、「小康社会の全面建設」と「社会主義現代化建設の加速化」において「前列に立って走る」ことを期待すると語っている。

全国に三二の省・自治区・直轄市があるなかで、党総書記・国家主席の習近平は広東省にだけ重要指示を下したわけで、これはきわめて異例のことであった。

しかもその指示は、広東省のこれまでの活動を十分に評価し、今後において全国の前列に立ってほしいとする内容からして、習主席の広東省に対する思い入れの強さを印象づけたと言っていい。

ところが、広東省は習主席が地方勤務時代で関わった地区でもなければ、最近、主席の子飼いがトップとして抜擢されたような〝親藩〟としての行政区でもない。そして何よりも、広東省のトップを務めているのはまさに胡春華なのである。言うまでもなく、胡春華は胡錦濤が共青団の次なる天下取りの戦略として、ポスト習近平の最高指導者人事に据えている人物にほかならない。

習近平がそれを知らぬはずはない。しかしそれでも、前述の「重要指示」をもって広東省に限って「評価と期待」を寄せたことは、習が事実上、胡春華を特別扱いして彼の後継者としての地位を半ば認めたことを暗示している。

つまり、習近平は少なくとも現時点では、胡錦濤・共青団と妥協して、彼らの企む次期政権戦略を承認する以外にないと腹に納めたといえる。

それだけなく、習近平は胡錦濤の計画した次期首相人事もそのまま飲んで、今秋の党大会以降の政権は、まさに習近平・共青団連合政権となる見通しである。

このことから、五年前からスタートした胡錦濤の「共青団の天下取り戦略」はほぼ思惑通りに進んでおり、いわゆる「習近平独裁」は単なる虚像にすぎないことが理解できよう。問題は、なぜ習近平は胡錦濤・共青団にそこまで妥協せざるを得なかったのかであろう。

次章でその真相を詳述しよう。

閑話休題

官製ロッテバッシングと韓国の主権国家としての義務……………………

自国を守ろうとするのは主権国家の義務であり、当然の行動なのにもかかわらず、中国はそれを許さない。

「ロッテを地獄に落とそう！」と中国国内で韓国企業・ロッテに対する猛烈なバッシングがはじまったのは、今年二月二七日のことである。

契機となったのは、韓国政府が北朝鮮からのミサイル攻撃を防ぐため、米軍の最新鋭迎撃システム「高高度防衛ミサイル（ＴＨＡＡＤ）」の導入を決定したことであった。

以来、中国政府は凄まじい勢いで反発しているのだが、その論理は実に奇妙なものだ。韓国が国土防備のために防御用の迎撃システムを配備することに対し、中国は自国の攻撃用ミサイルが無力化されるとの理由で「中国の安全に対する脅威」だと主張する。あたかも、凶器をもった強盗犯が民家の戸締まりを〝脅威〟だと騒いでいるかのようなものである。

このような横暴な外交姿勢は中国の帝国主義的体質を露呈しているわけだが、それでも収まりがつかない中国は、韓国の一民間企業に対しても牙をむいてきた。

二月二七日、ロッテ経営陣が韓国政府からの要請を受け、ＴＨＡＡＤ配備への土地提供を決めると、中国政府主導の「官製ロッテバッシング」がはじまった。

中国外務省の耿爽《こうそう》報道官は二八日の記者会見で「中国のＴＨＡＡＤ反対への意思は固い。国益を擁護するために必要な措置を必ず取る」とコメント。同日、中国共産党機関紙、人民日報系の環球時報は、ロッテを中国市場から締め出すことを堂々と主張した。

最大の国営通信社である新華社に至っては、「中国はロッテを歓迎しない」との論評を掲載し、「中国の消費者はこのような企業と製品に〝NO〟と言うべきだ」と、ロッテ社の製品やサービスに対するボイコットを公然と呼びかけた。

中国で新華社は政府の代弁者だから、そこからの「ボイコット呼びかけ」は当然、中国政府の意向と理解していい。それを受け、「ロッテを地獄に落とそう」との大合唱が全国のネット上で巻き起こった。

直後から一部のテレビや新聞はあちこちのロッテ関連の商業施設に押しかけ、直撃取材を行った。

取材したメディアは一斉に、ロッテの施設や店舗が閑古鳥となったことを嬉しそうに報告するのと同時に、「ロッテが過ちを改めないかぎり、私たちは絶対その製品を買わない」との「街の声」を数多く拾って、より一層あおりをかけた。

このように政府のあからさまな主導で、官製メディアが先頭に立って一般国民をあおり立て、外国の一民間企業にボイコット運動を仕掛けるのは、一九七八年にスタートした鄧小平の改革・開放以来初めてではないだろうか。

過去においても歴史問題や尖閣問題が日中問題の焦点となったとき、中国の民間に日本企業や製品に対するボイコットの声が広がったことは度々あった。けれどもその都度、中国政府は国際世論に対する配慮と、さらなる外資誘致の促進といった思惑から、民間のボイコット運動にブレーキをかけていた。

しかし今回は様相が異なる。中国政府のほうが民衆をあおり立てて、外国企業に対するボイコット運動を拡散しようとしているのである。

内政と外交の両面において、露骨な「力の論理」を全面的に押し出して目的達成のために手段を選ばないのは、いまの習近平政権の最大の特徴である。

おそらく今後、中国がどこかの国と衝突するたびに、その国の企業を苛めの対象にして本国への外交的圧力をかけるのは、習政権の常套となっていくのであろう。

そのなかでも、特にターゲットにされやすいのは中国との間で多くの問題を抱える日本企業であるのは論を俟《ま》たない。

ロッテの今日は日本企業の明日となる可能性は大いにある。日本の財界と政府は今後、

「帝国主義中国」との付き合い方を根本から直さなければならないのであろう。

なお韓国政府は四月二六日未明、「ＴＨＡＡＤ」の発射台とレーダーなどを南部・星州《せいしゅう》の配備予定地に搬入している。

第3章

独裁を阻まれた習近平・苦渋の選択

胡錦濤前国家主席が描く、来たる第一九回党大会人事における完全制覇シナリオ

引退した共産党前総書記・前国家主席の胡錦濤が突然、公の場に姿を現した。そこは広東省の省都広州市《こうしゅうし》。旧正月に開催された「花の市」のただなかであった。

引退後、公の場にめったに姿を現すことのない彼がその日、従えていたのは広東省党委書記・胡春華ら共青団の幹部たち。言うまでもなく共青団とは中国共産党の下部組織で、団員数九〇〇〇万人超を誇る巨大派閥である。領袖の胡錦濤は共産党最高指導部入りの前に共青団中央第一書記を務めている。

その胡錦濤が共青団幹部らと花の市をそぞろ歩きしながら、一部の市民と言葉を交わした。花の市には毎日数万人の見物人、買い物客が集まってくるから、胡錦濤の姿は当然、多くの人のスマホなどで撮影され、ネット上で流され、全国に知られるところとなった。

現代中国においては、現役を引退した最高指導者が非公式な場に姿を現すのは、何らかの政治的意図を含む場合が多いことから、胡錦濤の行動は揣摩臆測《しまおくそく》を呼んだ。

今秋に開催される第一九回党大会（一九大）では最高指導部の大幅な交替が確実視され

ている。胡錦濤の花の市視察も「一九大人事」との関連で、いやがうえにも世間の興味をひくものとなった。なんといっても、胡錦濤に同伴し両者の親密ぶりを見せつけた広東省党委書記の胡春華が、「一九大人事」の〝焦点〟となる人物であるからだ。

政治局常務委員五名が入れ替わる大変革期がやってくる

ところで、共青団出身の大物に「胡」姓が多いのはただの偶然であろうか。胡錦濤や胡春華の大先輩にあたる胡姓の人物、一九八〇年代に総書記となった胡耀邦《こようほう》も共青団のトップを務めた。胡耀邦と胡錦濤に血縁関係はないものの、胡錦濤は胡耀邦の息子と非常に親しい間柄であった。

胡錦濤を共産党のエリートコースに導いたのが総書記時代の胡耀邦であるのはよく知られている。胡耀邦が中華人民共和国建国三五周年にあたる八四年の国慶節パレードに、日本人三〇〇〇人を招待した際、その受け入れ側の最高責任者として八面六臂の活躍をみせたのが共青団トップの胡錦濤だった。こうして胡錦濤を中央に引き上げた胡耀邦は、中曽《なかそ》根《ね》首相の靖国神社公式参拝を契機に失脚の憂き目を見ている。

話を本題に戻そう。

二〇一二年秋の第一八回党大会で引退し、共産党総書記の座を現職の習近平に渡したとき、胡錦濤は将来を見据えた人事の布石を打ったと、前章で筆者は記した。

本来、胡は総書記と国家主席を習にではなく自らが率いる共青団の大番頭である李克強（現首相）に禅譲したかったのだが、江沢民派に阻止されて失敗に終わった。その代わり胡錦濤はこの党大会で定員二五名の中央政治局委員（ポスト政治局常務委員）に、共青団の次世代ホープである胡春華など数名の子飼い幹部を送り込むことに成功した。

彼の描くシナリオはこうである。

一七年秋開催の第一九回党大会において、いまは七人からなる政治局常務委員の大半が年齢制限で引退となることから、五〇代前半の胡春華ら共青団幹部が政治局常務委員に昇格し最高指導部のメンバーとなる。そして二二年開催の第二〇回党大会で習近平が二期一〇年という従来の慣例に従って党総書記のポストを引退すると、満を持した胡春華がそれを譲り受けて国家主席となって天下を手に入れるのである。

これが胡錦濤が描いた「ポスト習近平」を見据えての次期政権奪取戦略なのだが、問題は、いまや独裁志向を強めている現職の習近平総書記がそれを絶対に受け入れたくない意向であることだ。習の思いとしては、二二年の第二〇回党大会で、できるなら慣例を破って続投したいし、たとえ引退するとしても、前任の胡錦濤の子飼い幹部にではなく、自分自身の派閥（太子党）の者に天下を譲りたいところである。

そのために習近平側は昨年から胡春華の天下取りを潰しておこうと動き始めた。まずは今秋開催の第一九回党大会で胡春華の政治局常務委員会入りを阻止しなければならない。そのために習は、次の党大会で誕生する政治局常務委員の人数削減、あるいは常務委員会そのものの廃止を策動していると言われる。

仮にそれが成功すれば、胡錦濤が共青団のために描いた次期政権奪取戦略は台無しとなる。

だからこそ、前述の広州花の市に、胡錦濤は胡春華とともに姿を現して彼に対する全面的バックアップをアピールしたのである。

それは、「胡春華潰し」に取り掛かっている習近平総書記に対する共青団派の総反撃開始の号砲でもあった。

だが、秋の党大会開催に向けての形勢は、習近平劣勢の方向にどんどん傾斜しているのが実相である。

習近平と王岐山の特別な関係

先の章の後半において、今秋開催予定の共産党第一九回大会に向け、習近平国家主席が最高指導部人事の面で、前主席の胡錦濤率いる共青団との全面的妥協やむなしの状況にあることを解説した。

党内で「核心」としての地位を固め、それこそ習近平一強の権勢を手に入れた習主席はなぜ、肝心の人事面でライバルの共青団と妥協せざるを得なかったか。その最大の理由は、中国共産党中央規律検査委員会の主任で、政治局常務委員の王岐山の存在にほかならない。

王岐山とはいかなる人物なのか。

ありていに言えば、共産党元政治局常務委員の姚依林《よういりん》の娘婿、いわば太子党の一員である彼はもともと、経済・金融の専門家として共産党政府のなかで「金融畑」を歩いてきた幹部である。

一九八九年以降、中国建設銀行副総裁、中国人民銀行副総裁、中国建設銀行総裁を歴任してからいっとき、広東省副省長、北京市長などの地方の要職にも就いた。そののち二〇〇八年に国務院副総理に任命され、当時の温家宝《おんかほう》総理の右腕として、中国の国家財政と金融管理の最高責任者となった。

そして二〇一二年一一月に開かれた共産党第一八回大会において、政治局員から政治局常務委員に昇進して最高指導部入りを果たした。と同時に、長年経済・金融一筋できたにもかかわらず、彼はまったく畑の違う中国共産党規律検査委員会の主任に任命された。共産党規律検査委員会とは、共産党幹部の規律違反を取り締まるための専門機関で、その最大の任務は共産党と各級政府の幹部の腐敗を摘発することである。

それまでに経済の専門家として一貫して金融・財政を担当してきた彼がなぜ反腐敗の専門機関のトップになったのか。その最大の理由は、同じ一八回党大会で総書記に選ばれた習近平との〝特別な〟関係に収斂する。

二人が太子党に属するのも共通点の一つであるが、実は二人の関係性はそれよりも深いものがある。王岐山も習近平も若い頃、中国陝西省《せんせいしょう》の農村に下放された経験があり、二人の付き合いはその時代から始まっている。

二〇一三年八月二七日付『南方人物週刊』の記事「時代の先駆者」によると、下放された当時、王岐山と習近平の下放先は近く、知り合いだったという。習近平より五歳上の王岐山は兄貴分として習に思想や知識を教え、互いの間に堅い信頼関係が結ばれたとされる。

北京に出た習近平が下放先に戻るとき、王岐山の村を訪ね、一泊したことがあった。そのとき、二人は同じ布団で寝て、徹夜して語り合ったとされる。

それ以来、二人は親友の関係を続けているが、二〇一二年一一月開催の第一八回党大会で習近平が共産党総書記に選出されたとき、習からのたっての願いで、王は共産党中央規律検査委員会の新しい主任に指名された。

その理由は明らかである。党総書記に選出されたとはいえ、習近平の派閥は政治局常務委員会、政治局委員会において、明らかに劣勢であった。今後の権力闘争に勝ち抜き、おのれの権力基盤を固めるためにはどうすればいいのか。

習近平のたどり着いた結論は、中国共産党の幹部を対象とする腐敗摘発を徹底的に展開することであった。共産党の幹部で腐敗に染まっていない者など一人もいない。全員がみな腐敗に染まっているわけである。仮に清廉潔白な者がいれば、精神障害者扱いされるのがオチで最高人民法院（最高裁）の裁判官までもが多額の賄賂を受け取っているのが常識とされる。

すべての共産党幹部は「叩けば埃が出る」のは当然だ。これ以上の妙手はない。まずターゲットにすべきは政治局常務委員会に四名、つまり過半を送り込んだ上海閥（江沢民派）だ。彼らの不正を徹底的に洗い出し、糾弾、政治生命を奪うのだと、習近平は腹を決めた。

そのために、習近平は自分がもっとも信頼できる親友の王岐山を腐敗摘発専門の規律検査委員会の主任に据えて、彼との二人三脚で腐敗摘発を徹底的にやり遂げ、党内の政敵の一掃を目論んだのである。

習主席の権力を脅かす存在となった王岐山

この時点で、親友の王岐山は習近平の政治的盟友となり、いわば「習王同盟」が成立した。

その後の展開は周知の通りである。二〇一三年に入ってから、習近平自身が旗振り役となって中国共産党史上最大規模の腐敗摘発運動が展開されはじめ、その司令塔として摘発運動を具体的に進めていったのが中央検査委員会主任の王岐山であった。

中央規律検査委員会はもともと〝超法規的〟な共産党機関として絶大の権力を持っている。王岐山はそれをフル回転させた。秘密警察も顔負けのあらゆる手段を用いて、標的に定めた共産党幹部の腐敗疑惑を次から次へと暴き、葬り去っていった。

王岐山の手によって摘発されすべてを失った共産党幹部のなかには、前政治局常務委員の周永康や解放軍元制服組トップの郭伯雄なども含まれている。

こうして党内における「習王同盟」の政敵はほぼ一掃され、潜在的政敵も摘発されるのを恐れておしなべて大人しくなった。その結果、習近平の権力基盤が急速に固まって、党の「核心」としての地位を手に入れたのは前述の通りである。

ところが、そうした経緯のなかで、習近平にとってははなはだ不本意な状況が生じてきた。中央規律検査委員会のトップとして腐敗摘発を進めていくうちに、王岐山が恐ろしいほどの力を手にいれて、習の権力を脅かす存在に台頭してきたからである。

王岐山のもと、規律検査委員会は党内のすべての幹部に対して腐敗に関する調査権を持ち、標的に定めた者をあらゆる手段を用いて取り調べができる。そして、いまの共産党幹部で腐敗に染まっていない者は限りなくゼロに近い。したがって、共産党の幹部であれば、地位が低いか高いか関係なく、王岐山の規律検査委員会に睨まれたら一巻の終わりとなるのである。

すると、党内の幹部たちからすれば、一番怖いのは実は習近平ではなく、むしろこの王岐山ではないのか。自分たちの生殺与奪権はすべて王岐山に握られているから、もはや誰も彼に楯突くことができなくなってしまった。その結果、いまの中国共産党党内では、習近平よりもむしろ王岐山のほうが真の実力者として恐れられているのが実相である。

それほどの権勢と権力を手にいれた王岐山が、いずれ習近平を脅かす存在となるのは、権力闘争の常である。

「任志強事件」で知らしめた王岐山の実力

実際二〇一六年になると、王岐山がすでに習近平の地位と権力を脅かす存在となっていることを思わせるような出来事が起きた。

この年の三月三日に開かれた全国政治協商会議（全国政協）の開幕式において、各代表たちは異様とも言うべき光景を目撃した。

式典が終わって最高指導部のメンバーたちが順次ひな壇から退場するとき、規律検査委員会の王岐山主任は、前を歩く習近平国家主席の背中に手を置いて呼び止め、話しかける一幕があった。

衆人環視のなかで、習主席の部下であるはずの王岐山がとったこの馴れ馴れしい行動は、主席の権威を蔑ろにするような「軽佻なる行為」とも映った。

その背後にはいったい何があったのか。

二週間ほど前の二月一九日、習主席は中央テレビ局など三大メディアを視察し、「メディアは党への忠誠に徹するべき」との訓示を行った。それに応じて、三大メディアは一斉に、「メディアは共産党のもの、党に絶対の忠誠を誓いたい」と宣した。

しかし、民間から反発の声が上がった。習主席の訓示と三大メディアの姿勢に対し、真っ向から痛烈な批判を浴びせたのは、中国の不動産王（華遠地産会長）でありながら、政治批判の鋭さで「任大砲」の異名をもつ任志強《にんしきょう》であった。

三七〇〇万人フォロワーを持つミニブログ微博で、彼はこう発言した。

「メディアはいつから党のものとなったのか。メディアが人民の利益を代表しないなら、人民により捨てられるのだ」

発言は至って正論であるけれど、問題は、いまや飛ぶ鳥を落とす勢いの習主席に盾突くようなことを宣したら、どういった扱いを受けることになるかだ。

案の定、任志強の微博のアカウントは直ちに閉鎖され、官制メディアによる「任志強批判キャンペーン」が一斉にはじまった。任志強が所属する北京市西城区の共産党組織も、党員である任に対する処分を検討しはじめた。

この一部始終を見て、民間では「これでは文化大革命の〝再来〟ではないか」と危惧する声が上がり、動揺が一気に広がった。

こうした状況下、三月一日、中国共産党規律検査委員会の公式サイトにおいて注目の論評が掲載された。

論評は、「千人の唯々諾々より、一人の志士の直言のほうが良い」という昔の言葉を引用して、指導者は志士の〝諫言〟に耳を傾けるべきだと諭した。

タイミングからすれば、この論評の諭そうとする相手は、他ならぬ習主席その人であろう。さらに興味深いことに、論評を掲載した公式サイトの持ち主は党の規律委員会で、そのトップを務めるのは習主席唯一の盟友とされる王岐山なのだ。

要は、王岐山が習主席を諭したことになる。だが、その二日後、全国政治協商会議の壇上で、王岐山が鷹揚な態度で習主席を呼び止めた場面を目にした多くの人々は首肯した。なるほど、共産党の本当の実力者は誰であるかがこれでよくわかった、と。

おそらく王岐山も、「視覚的効果」を計算して、あのような行動に出たのであろう。それで彼は、自分の習主席に対する優位性を衆人の前で示すことができた。

さらに、規律検査委員会サイトの論評掲載を契機に、任志強に対する批判キャンペーンはピタリと止まった。習近平主席は、王岐山サイドからの圧力に屈して、あっさりと降伏した模様であった。

以上が巷間言われるところの「任志強事件」の一部始終である。そしてこのときが、王岐山が習近平国家主席を凌ぐ権力者として浮上してきたタイミングであった。

胡錦濤の共青団派との連携という苦渋の選択に至った習近平

当然ながら習近平にとって、それは許してはならない状況である。親友であろうと盟友であろうと、最高指導者である自分を凌ぐほどの権力者が浮上してくるならば、いずれ自分の地位を脅かすことになるのは時間の問題であり、それは独裁政権におけるパワーバランスの鉄則でもある。

まさにそのときが分水嶺となって、盟友の王岐山を牽制するために、さらには王の力を相殺するために、習近平は結局、腐敗摘発運動のなかでほぼ無傷の共青団と手を組む以外になかったわけである。

胡錦濤前総書記とその配下の共青団最高幹部の大半は、例外はあるけれど、共産党内では珍しく腐敗とは縁が遠いとされる。したがって、彼らは王岐山の摘発を過剰に恐れる必要はない。習近平にとって共青団は、王岐山に対抗するためのうってつけの同盟軍なのだ。

共青団と連携するために、習近平は人事面で大幅な譲歩を行い、秋の党大会における汪洋や胡春華などの共青団次世代幹部の最高指導部入りを容認することとなった。つまり習近平は、往時の「習王同盟」から、新たな「習胡同盟」へとシフトを行おうとしている最中なのである。

しかしながら、いま横たわっている最大の問題は、習近平と王岐山との関係が今後どうなるのか、つまり、習近平は今後、王岐山をどう処遇するのかであろう。

この点に関して、今年の五月あたりから、そうとう怪しげな動きが見られた。キーマンは、中国共産党政権の上層部と深い関係があるとみられる実業家・投資家の郭文貴《かくぶんき》という人物。

今年四月に米国に亡命した郭文貴は、米国のメディアを利用して、王岐山とその親族にまつわる「スキャンダル」や「腐敗疑惑」を次から次へと暴露していったのである。

郭文貴によると、王岐山の妻と妻の妹が巨額な不正資産を持ち、米国の国籍までを持つようになっているという。そして王岐山は私生活の面では非常に淫乱で、権力を利用して複数の女性と関係をもち、隠し子もいるという。最近になって、郭はさらに、王岐山は中国トップクラスの大女優である範冰冰《はんひょうひょう》とも関係を持ったと暴いて、人々を吃驚させている。

そして郭文貴が暴露した数々の「王岐山疑惑」のなかでもっとも衝撃的で興味深いのは、習近平主席が盟友であるはずの王岐山一族の腐敗を密かに調べるように部下の公安部副部長に命じた、という話である。

王岐山を使い捨てにする習近平こそが黒幕

今年四月一九日、生放送された米政府の海外向け放送「ボイス・オブ・アメリカ（VOA）」のインタビューで郭文貴が「自分は公安省の傅政華《でんせいか》次官から、王岐山や彼の家族の海外資産などの調査に協力するよう指示された」と発言したところ、放送は突然中断され、その後、米国などの放送担当者五人が停職処分となった。中国当局が強い圧力をかけたためとの米メディアの指摘があった。

これをフォローしたのが五月三日付の香港紙・蘋果日報（アップル・デイリー）であった。「郭文貴から提供された傅政華次官との通話の録音資料には、王岐山と家族に対する調査は実は習近平主席の意向であるとの内容が含まれている」と報じたのだ。

郭文貴はその後、さまざまな場面で「習が王に対する調査を指示した」との説を唱えているが、習主席は傅次官に「自分は王岐山を利用しているが、信用していない」とも話したという。

郭文貴によるこうした一連の発言の信憑性をめぐり、とりわけ「習主席が王への調査を指示した」という話の信憑性をめぐって、海外の中国情報筋や中国問題研究者の間でさまざまな議論が湧き起ったけれど、真相のほどは不明である。

しかしながら、やはり四月一九日に彼がＶＯＡでこの話の核心に迫ったところ、放送が中止されたことを勘案すれば、郭の発言はまんざら嘘ではなく、相当の真実が含まれていると推測できよう。真実の部分を含めた殺傷力のある暴露だからこそ、それを恐れた勢力がＶＯＡにまで圧力をかけたとみるのが自然であるからだ。

そして、郭文貴の発言にそれなりの真実性があるなら、言わずもがなであるが、それは実に重大な意味を持つことになる。

第一に、腐敗摘発機関の中枢である王岐山が実は腐敗まみれの人間であるなら、それが明るみに出たことは王自身にとっての致命的な打撃になる。したがって、郭文貴の暴露は、共産党党内の勢力が王を潰そうとする動きの一部であるとの可能性がある。

第二に、もし郭文貴の証言したとおり、王岐山と彼の家族に対する調査を指示したのが習近平主席であるなら、王岐山を潰そうとする動きの黒幕は習主席本人であることになる。つまり、習近平は単に王岐山を牽制するために共青団派との新たな同盟関係を結んだだけでなく、一層《いっそ》のこと、王岐山を葬り去ろうとしているわけだ。

王岐山の存在はすでに習近平にとり脅威となっていると同時に、腐敗摘発を通して自分の権力基盤をすでに固めた習近平にとって、〝使い済み〟の不要な存在ともなっている。

しかも、これまでの凄まじい腐敗摘発で「習王同盟」が党内幹部の恨みを買っていることは習近平も熟知しており、彼にとって、いまから王岐山を切り捨てることで党内の恨みをすべて王岐山一人に背負わせるのは一番の得策であろう。

こうしてみると、郭文貴の一連の暴露から始まった「王岐山潰し」の黒幕は習近平である可能性はむしろ大であると思われる。

しかし、おそらく王岐山がそのままおとなしく使い捨てされるようなことはない。これまでの腐敗摘発で多くの幹部たちの恨みを買っていることを彼自身も知悉しているし、いったん使い捨てにされて権力を失ったら、王が摘発の餌食になりかねないことを、彼は誰よりもわかっているはずである。

したがって、間もなく訪れる秋の党大会までに、王岐山は生死をかけて自分自身を守るための「最後の闘い」を展開していかなければならない。

この闘いの趨勢はまた、今後の中国の政治動向をみる上での一つの重要な要素となるはずである。

弱冠四九歳で政治局委員に抜擢された孫政才

今年七月中旬から下旬にかけ、中国の政界を大きく揺るがす事件が起きた。まずは七月一五日、共産党政権内の重要な人事異動が発表された。重慶市共産党委員会書記だった孫政才はその職から解かれ、貴州省共産党委員会書記だった陳敏爾が後任に当てられた。

問題となったのはその解任の仕方だ。普通の人事異動の場合、前任者が解任されるのと同時に「別途任用」と発表されるのが慣例であるが、孫の解任を伝える新華通信社ニュースにはこの慣用語がなかった。しかも孫は新任の陳への引き継ぎの場に現すことなく、解任後は姿を完全に消していたことから、彼はすでに失脚したのではないかとの噂が広がった。

そして七月二四日、中国国営新華社通信は、中国共産党中央が重大な規律違反の疑いで、孫政才の調査を決定したと伝えた。孫の失脚はこれで確実となった。

二〇一二年一一月に開催された共産党第一八回党大会において弱冠四九歳で政治局委員に抜擢されたとき、孫政才はポスト習近平を目指す共産党の次世代指導者候補の一人と目されていたが、その突如の失脚は、背後に何かあったのか。

孫政才はどういう政治的背景の人間で、加えて、前回の党大会で政治局員に抜擢された理由について考察してみよう。

孫政才の経歴を見ると、一九八七年から一九九七年までの一〇年間、農業の専門家として北京市農林科学院に在職している。九五年に農林科学院の副院長に就任した孫はその後、北京市順義《じゅんぎ》県の共産党副書記・県長代理に昇進した。一研究機関の責任者から党と政府の幹部へと昇格したのは一九九七年のことである。

江沢民→賈慶林→孫政才という系譜

この異例の出世の背景に何があったのか。実はその前年の九六年に、北京市の党と政府組織に重大な人事異動があった。それまで福建省《ふっけんしょう》共産党委員会書記を務めていた賈慶林《かけいりん》が北京に転任、九六年に北京市党委員会副書記・市長に就任した。さらに翌九七年に北京市党委員会書記兼市長となって名実ともに北京市のトップとなった。

この重要人事を断行したのは、当時の中国共産党総書記・国家主席の江沢民であったことはよく知られるところだ。

江沢民が上海市長のポストから抜擢されて共産党総書記に就任したのは一九八九年の天安門事件の直後であった。それ以来江沢民は着々と政権基盤を固め、自らの派閥である「江沢民派」をつくり上げていく。先にふれたとおり、このプロセスにおいて九六年、首都北京のトップという重要ポストに抜擢されたのが、江沢民の側近の賈慶林であった。

賈慶林は一九六二年から七八年まで、技術官僚として中国第一機械工業部（省）に長らく奉職していたが、実は同じ六二年から八〇年まで江沢民も技術官僚として第一機械工業部に在籍していた。

両者は同じ第一機械工業部で一六年間も同僚であったとともに、無二の親友となったと言われている。

そして九六年、すでに党と国家の最高指導者となった江沢民は旧友の賈慶林を福建省から北京市のトップへと引き上げた。以来、賈慶林は旧友という立場から江沢民の配下となって、「江沢民派」の重鎮の一人として出世を続け、後には共産党政治局常務委員にまで上り詰めた。

福建省からいきなり縁もゆかりもない北京市トップに抜擢された賈慶林は、自らの権力基盤固めをする必要に迫られた。そのためには当然ながら、優秀な側近を擁しなければならない。

しかし、共産党政権内の人事異動のルールでは、自分がトップを務めた福建省から子飼いの幹部を連れてくることは基本的に禁じられている。結局、賈は北京市内で若手幹部を物色し、自分の配下として養成していくしかなかった。

こうした経緯のなかで賈慶林が目をつけた若手の一人が孫政才であった。当時は三四歳の若さで北京市農林科学院の副院長を務める逸材であった。

こうして孫は賈慶林に見染められて、北京市順義県の党副書記・県長に抜擢されたのは先に述べたとおりである。その時点で彼は紛れもなく、賈慶林の配下となった。そして賈自身は江沢民の配下であり、江沢民派の要員の一人であるから、孫政才も政界入りしたその日から、江沢民の配下の配下となって、江沢民派の一兵卒となった。

その後、孫政才は江沢民派の一員として出世を重ね、北京市共産党委員会常務委員、農業部（省）部長（大臣）、吉林省共産党委員会書記を歴任、冒頭記したように二〇一二年には弱冠四九歳で政治局委員に昇進した。

そのとき、彼の政治局入りを強く推したのは当然、所属派閥の江沢民派であった。その直後、孫政才は、政府直轄市である重慶市の共産党書記に任命された。

孫政才の失脚で完遂された江沢民派撲滅

二〇一二年一一月の党大会で、江沢民派（＝上海閥）が四九歳の孫政才を中央の政治局に送り込んだのには、それなりの深謀遠慮があった。

実をいうと、この党大会で習近平が共産党総書記に選出され党のトップとなったのも、江沢民派の後押しがあってのことである。当時、共産党前総書記の胡錦濤は、子飼いの幹部で共青団派重鎮の李克強を自分の後継者として総書記職に推そうとしていたが、党内で大きな勢力をもつ江沢民派によって拒まれた。そして、李克強への対抗馬として江沢民派が推したのが習近平であった。

両派の妥協の結果、習近平が次期党総書記・国家主席となって李克強が次期総理となることで決着がついたのだが、そのとき江沢民派はさらに一〇年後の「ポスト習近平」を睨んで、習の後継者候補のポジションに一人の若手幹部を据えた。その人物こそが江沢民派の最若手ホープとして存在感を増していた孫政才であった。

習近平を次期総書記に推して、さらに習近平の後継ぎとして孫政才を用意しておくとは、まさに江沢民一派が自分たちの永久の安泰を図るための「天下二〇年の計」であるが、彼らにとっての最大の誤算は別途にあった。

自分たちの後押しで最高指導者となった習近平は権力を握った後、盟友の王岐山と手を組んで腐敗摘発運動を大々的に推し進め、それを武器にして江沢民派勢力を叩き潰そうとしたのである。

中国共産党内の権力闘争のならわしからすると、江沢民派が習近平を後押ししたからこそ、権力を握った習近平がまず潰さなければならないのはこの江沢民派であった。さもなければ、習は永遠に江沢民一派に首を押さえつけられて、自前の政治を展開することができない。その際、「恩人」とはすなわち最大の邪魔者なのである。

こうして二〇一三年以来の四年間、習近平・王岐山コンビは江沢民派の旧幹部だった周永康や徐才厚などを次から次へと摘発して刑務所に送り、党と政府と軍から江沢民派勢力を一掃することに全力を挙げた。そして、江沢民派と戦うために習近平は、党内のもう一つの勢力である胡錦濤前総書記率いる共青団と連携している。

七月における孫政才の失脚は、まさに習近平一派と共青団が連携して展開した「江沢民派一掃作戦」の総仕上げであると見てもよい。

孫政才の存在はそもそも江沢民派がポスト習近平を睨んでの次期政権戦略の布石である

から、孫を失脚させたことによって、江沢民派が企んでいたポスト習近平への政権戦略は完全に崩れてしまい、江沢民派の未来への希望がこれで断たれた。

孫政才失脚の後、いまの最高指導部・政治局常務委員会には依然として江沢民派幹部が四名いるが、習近平にとって彼らの存在はもはや問題ではない。間もなく開催となる党大会では、この数名の江沢民派幹部は定年引退する手はずになっているから、時の到来を待てばよい。つまり孫政才の失脚をもって、江沢民派（＝上海閥）は実質上、すでに瓦解、終了したわけである。

見込まれる習主席一派と共青団の「連合政権」誕生

孫政才の失脚で、習近平一派は江沢民派の撲滅を完遂しただけでなく、もう一つ大きな利益を得た。孫の後任となった陳敏爾は習主席の子飼いの幹部で、腹心の一人であるからだ。

重慶市共産党書記は慣例によって中央の政治局委員となるから、孫の後を継いだ陳は、共産党中央委員会の平委員から政治局委員への昇進が確約された。孫を排除したばかりではなく、習主席は配下の一人を政治局に送り込むことに成功した。

しかし、孫政才の失脚で利益を得たのは習主席だけではない。心のなかで笑っている人たちは別にもいるはずである。

その人たちとはすなわち、胡錦濤前国家主席と、その子飼い幹部である広東省共産党委員会書記の胡春華である。

前述の共産党第一八回党大会において、孫政才同様の四九歳で孫と同時に政治局委員に抜擢されたのが胡春華であった。つまり、江沢民派が孫政才をポスト習近平への後継者候補として政治局に送り込んだのと競って、胡錦濤も自ら率いる派閥の共青団のポスト習近平候補として胡春華を政治局に送り込んだ。

その時点から、政治局のなかで四〇代の若さを誇った孫政才と胡春華は、共産党次世代指導者候補となったのと同時に、ポスト習近平へ向けての後継者レースにおけるライバルとなった。

そしてここにきて完全に明暗が分かれた。

江沢民派の孫政才が突如の失脚で後継者レースから離脱したことは、胡春華にとってこの上なく嬉しいニュースであったに違いない。ポスト習近平への後継者レースにおける最大のライバルが消えてくれたからだ。

その一方、習主席が今年四月に胡春華がトップを務める広東省党委員会と政府に「重要指示」を下して、その仕事ぶりを評価したことから、その時点で胡はすでに後継者レースにおいて一歩前進した格好だ。

そして孫政才が消えた後、政治局で唯一の五〇代のメンバーとなった胡春華は今度の党大会での政治局常務委員昇進をほぼ確実にした。これで胡春華は、ポスト習近平へさらに一歩近づくこととなろう。

こうしてみると、今回の孫政才解任劇は、習主席一派と胡錦濤一派が手を組んで仕掛けた、江沢民派への最後の一撃であるのと同時に、勝ち組の両派による「ウィンウィン関係」づくりの実演でもあったようだ。

これでは秋の党大会で誕生する新しい最高指導部（すなわち政治局常務委員会）はほぼ確実に、習主席一派と共青団との「連合政権」となる見通しである。

いまのところ、秋の党大会で政治局常務委員会入りがほぼ確実となっているのは、習主席本人とその最側近の栗戦書・中央弁公室主任以外に、共青団のもう一人の重要幹部である副首相の汪洋と首相の李克強（留任）、そしてポスト習近平の本命に浮上してきた胡春華。共青団から最低でも三名を政治局常務委員会に送り込めることとなった。

全国の部下を総動員した王岐山の示威行動

問題は先に詳述した習近平と王岐山の関係がどうなるかである。今年七月に入ると、王岐山と習近平の暗闘はより本格的な形で展開されていく。

まずは七月三日、王岐山は北京にて共産党規律検査委員会書記の肩書きで「貧困扶助における監督・問責工作のためのテレビ・電話会議」を主催した。

会議の主旨は文字通り、党中央が全国で展開している貧困扶助事業において、中央と各地方の幹部たちがきちんと役割を果たしているかどうかを監督・問責するためである。参加者は中央・地方の党規律検査委員会と、全国組織を持つ国家監察部の幹部。この二つの組織は王岐山が牛耳る部門である。

王の動きを見て、中国の政治事情を熟知している人なら首を傾げるに違いない。なぜなら、王はもともと会議が嫌いで、よほどのことがない限り会議を開かない。そして今回の「貧困扶助の監督・問責」は、誰から見てもさほど重要なテーマではない。そのために王がわざわざ全国の部下たちを動員した理由とは何なのか、という疑問が生じてくる。

さらに驚いたのは会議の規模だ。その日、全国で三〇〇〇以上の会場が設置され、なんと一二万人余りの幹部たちが出席したのである。

ここまでやったら、「貧困扶助」は単なるお題目、口実であることは明らかだ。王岐山の目的はそこにあるのではない。全国にいる部下たちを一堂に集めて、自身の権勢を大いにアピールする必要があった。

自分を葬り去ろうと画策するかつての盟友、習近平に自身の〝求心力〟を見せつけるためにである。その経緯については、先に詳述した。

解放軍を使った習近平の意趣返し

王岐山の示威行動の意味を、当然ながら習近平はわかりすぎるほどわかっている。習はどう対処したのか。これは二人の巨頭による力比べの第二幕といえる。

王岐山が全国会議を開いた二七日後の七月三〇日、続く八月一日、中国軍建軍九〇周年を記念して、習近平は内蒙古の軍基地で大規模な閲兵式を行った。

閲兵が行われたのはアジア最大規模と言われる解放軍の演習場である。最新鋭の戦闘機や戦車と共に一万二〇〇〇人の兵士が参加した。

中国では、建国記念日などで天安門広場を使って閲兵を行う事例は多くあるが、北京から離れた演習場で、いわば「戦地閲兵」（中国メディア）が実施されるのは異例のことである。しかも、閲兵に臨んだ党と国家の指導者は習近平一人だけ、他全員が軍関係者であった。

それはどう考えても、習近平による習近平一人のための閲兵であった。なぜ彼はこのような異例づくしの大閲兵を断行したのか。

前述の王岐山による全国の部下を総動員させた示威行動を思えば、習の狙いは手に取るようにわかる。彼の閲兵はまさに、王の示威行動への「意趣返し」であり、王への逆恫喝であった。

つまり、王岐山が全国の規律検査委員会の幹部一二万人を総動員して自らの実力を習近平に誇示したのに対し、習は人民解放軍という中国最大の実力組織を動員して、王の恫喝に応じたわけである。「お前が規律検査委員会を使って謀反するなら、軍の力で潰すぞ」と。

王岐山が手に入れた規律検査委員会というあまりにも恐ろしい勢力に対抗するために、習は結局、人民解放軍という最後の切り札を持ち出して、「必殺の剣」を抜いた。

中国人民解放軍の主要幹部全員が習近平に従って閲兵に参加したことの理由もここにあろう。習は閲兵に参加した一万二〇〇〇人の解放軍兵士のみならず、解放軍全体を束ねて王との全面対決の姿勢を示したのである。

習主席の側近中の側近、栗戦書が王岐山の後継者となる

これで勝負はついたのではないか。

王岐山が規律検査委員会を掌握していても、解放軍という武力集団に勝てるわけはない。彼はこれで、習と全面対決を諦めて、妥協による保身の道を模索していくのであろう。

しかしその結果、今年秋開催の共産党大会では、彼はおそらく、政治局常務委員と中央規律検査委員会トップのポストから降りることとなる可能性は大である。その際、権力の座から降りることとの引き換えに、習近平から身の安全に対する保証を取り付けることは彼にとっての最低ラインだ。もちろん習近平にしても、かつての盟友を死地に追い詰めるつもりはない。権力さえ放棄してくれれば習も満足するはずだ。

それでは王岐山の後を継いで、中央規律検査委員会の次期書記になるのは誰か。

浮上してくるのは、習主席の側近中の側近であり、政治局委員兼党中央弁公庁主任の栗戦書である。

間もなく開催される党大会において栗戦書の政治局常務委員への昇進は既定路線であるが、最高指導部の常務委員会入りした以上、引き続き党中央弁公庁主任のポストに止まる

わけにはいかない。その際、王岐山の後を継いで中央規律委員会書記になるのは栗戦書にとっての最善の道と思われる。

それは習近平にとっても同様である。中央規律検査委員会という恐ろしい力をもつ重要機関を自分の腹心に握らせることは、最大の保険となる。

もう間もなく、党大会の開催日が訪れる。

飛び級で政治局常務委員へ昇進する陳敏爾

そして、ここにきて仰天ニュースが飛び込んできた。

八月末、秋の党大会において前章で紹介した重慶市党書記の陳敏爾(五六歳)が政治局常務委員へ昇進する人事が決まったと、複数の中国筋から伝わってきたのである。

これで党大会を待たずして王岐山の敗北は決定的となった。

陳敏爾は習近平の最側近。前重慶市党書記・孫政才の腐敗摘発を受け、この七月に現職に就いたばかり。

陳敏爾は二〇〇二年から〇七年まで浙江省の党委書記だった習近平の下で党宣伝部長を務め、習が地元紙に連載したコラムの編集をするなど当時から信頼が厚かったとされる。

現在、陳敏爾は中央においては党中央委員だから、その上に位置する中央政治局委員を経ずに、つまり飛び級で政治局常務委員へと昇進する模様である。この政治局常務委員への飛び級昇進は習近平も経験しているし、古くは朱鎔基（元首相）などもそのクチであった。

仮に陳敏爾が政治局常務委員に昇進すると、習近平派に栗戦書、陳敏爾の腹心二名が加わる（計三名）ことになり、共青団とのパワーバランスはより〝微妙〟になってこよう。

おそらくこの人事は、最高指導部と長老が一堂に会する避暑地・北戴河（河北省）で開かれた会議で決められたもので、苛烈な争いの末の決定であることは想像に難くない。

さらに真偽のほどは不明であるが、同じく党大会で決まる党序列で、共青団のホープで広東省党委書記・胡春華が陳敏爾の下位に位置付けられるとの話も伝わってきた。

もう間もなく、党大会の開催日が訪れる。

蘇る中華思想は中国政府と多くの中国人エリートの本音と野望……………

昨年七月、韓国政府が米軍の「高高度防衛ミサイル（THAAD）」を韓国国内に配備すると発表して以来、それが自国の安全に対する「脅威」だと言い張る中国政府は「制裁」の部分的発動などの圧力を韓国側にかけてきたと同時に、各宣伝機関や御用学者を総動員して、韓国の措置に対するすさまじい批判キャンペーンを展開している。

そんな折り、中国の環球時報ネット版『環球網』はある軍関係者の韓国批判発言を紹介したが、それは実に興味深いものであった。

発言者は中国国防大学戦略研究所元所長の楊毅《ようき》教授で、少将の軍階級をもつ現役の軍人である。韓国のTHAAD配置に関する座談会で楊教授は、中国の意向に反して配置を決めた韓国に対し「徹底的な懲罰」を加えるべきだと主張した上で、こう語るのである。「今度は徹底的に韓国を懲らしめることによって、今後のための一つのルールを確立することができる。（韓国だけでなく）周辺国に分からせよう。中国と付き合うのにはルールがある。（それに従わず）わがままな行動を取った場合、お尻を叩かれなければならないのだ」と。

楊教授発言にできるだけ忠実な日本語訳だが、ポイントは二つあると思う。一つは、韓国を懲らしめることによって中国と韓国、中国と周辺国が付き合う場合の「ルール」を確立すべきだと彼が主張していることだ。

もちろんその場合、「ルール」を確立するのは中国のほうであって韓国やその他の周辺国ではない。しかも中国は、韓国や周辺国との話し合いによって「ルール」をつくるのでもなく、「懲らしめる」という中国側の一方的な強制力をもって、それを確立すべきだというのである。

つまり楊教授は、ここで韓国や周辺国との関係において、中国は一方的にルールをつくって周辺国に強制すべきだと堂々と主張しているわけである。ここにはもはや、国家間平等の観念や「皆で共通のルールをつくろう」という国際社会の常識はかけらもない。あるのはただ、中国こそがアジアと世界の絶対的な「立法者」であり、唯一無二の「覇主」であるという、あまりにもゆがんだ自国意識である。

それでは、周辺国が「中国のルール」に従わない場合はどうなるのか。それについて楊教授発言は次のような答えを用意している。それが「お尻を叩かれる」という言葉である。

中国語の世界では、「お尻を叩くぞ」というのは、親や学校の先生が悪戯な悪童に対してよく使う言葉だ。韓国や周辺国などの主権国家に対し、このような言葉が自然に口から出てきたことは驚くべきである。

往時の華夷秩序において、中華帝国は自らのことを「親」としての「宗主国」を自任し、周辺国や民族を単なる「教化されてない蒙童」として取り扱っていたが、こうした覇道主義的中華思想の亡霊が目の前に蘇ってきているのである。

それは中国の一軍人の妄言として片付けられるようなものではない。

楊教授の発言はまさに公の発言として堂々と発表され、中国全国のネットで広く流布されている。「お尻を叩く」という言葉は多くの新聞紙やネットニュースのタイトルにもなっている。それに対する異論や批判は国内では一切ない。国際社会では信じられないほど歪んだこの発言は、中国ではむしろごく自然に当然な言葉として受け止められている。

これを見てわれわれは一つ、大事なことを銘記しておかねばならない。昔の中華帝国のように力ずくで周辺国をねじ伏せ、中国の一方的なルールに従わせて自らが覇主となるというこの恐ろしい意識こそ、いまの中国政府と多くの中国人エリートの〝本音〟と野望であることを。

第4章

あとは落ちるのみの共産党資本主義

際立つ中国の個人消費率の低さ

四半世紀にわたり中国経済が凄まじい高度成長を成し遂げてきたことは周知のとおりであるが、それは構造的には非常に脆弱にして歪なものであった。

その歪さとは、個人消費＝内需が決定的に不足しているなかで、中国経済は常に、安い労働力を利用しての輸出拡大と、不動産投資を柱とする固定資産投資の拡大をもって成長を維持するしかなかったことに起因する。

本来、一国の経済とは、国民の消費欲求を満たすことを目的とし、国民の消費拡大の上で成り立つものである。国民のニーズに応じて企業はモノとサービスを提供する。そのために生産活動、設備投資を行う。これで消費・生産・投資の三要素が揃って、一国の経済が成り立つのである。

国家経済を支えるもっとも重要な要素はやはり国民の個人消費であり、消費があるからこそ生産と投資が必要とされるわけである。そして消費が拡大すれば生産と投資も当然拡大することから、好景気を導いて経済成長する。このような三段論法が基本中の基本となっている。

したがって、一国のGDP（国内総生産）のなかにおいて国民消費＝内需は大きな割合を占めていなければならない。消費の割合が適切な大きさであれば、生産も投資も安定し、健全な経済を実現できるわけだ。

たとえば日本の場合、GDPに占める国民消費の割合、すなわち個人消費率は六〇％前後でずっと推移しており、世界の先進国中もっとも健全な経済構造を保っていると評価されている。米国の場合、個人消費率が七〇％前後もあり、やや高いと言われているが、それでも、「内需主導型」の経済としては健在な部類に入っている。

問題は、中国における個人消費率の低さである。過去一〇年、常に三七％前後にとどまっていて、日本や米国と比べて異常に低いことがわかる。

人口一四億の中国GDPに占める個人消費率四割未満は何を物語っているのか。それを論じてみたい。

本末転倒の高度成長と歪な経済構造

それでは国民の消費に回されていない、GDPの六割以上にものぼるお金は一体どこに回っているのか。もうおわかりであろう。輸出と投資である。

消費、すなわち内需が不足しているから、中国はいままでずっと輸出、つまり外需の拡大で経済成長を牽引してきた。端的に言えば、自国民が財布の紐を気前よく緩めてくれないから、中国は結局、他国民の財布を狙って生産したものを輸出して自国の産業を成り立たせ、経済成長を図ってきたわけである。

日本の場合、GDPに占める輸出の割合はせいぜい一〇数%であるのに対し、中国のそれは三〇%前後、完全に「輸出依存型」の経済成長となっている。

二〇一〇年までの約二〇年間、中国の毎年の対外輸出の伸び率は平均二五%以上、経済全体の一〇%前後の伸び率をはるかにに超えてきた。つまり輸出の継続的拡大こそ、それまでの中国の高度成長を引っ張ってきた最も大きな原動力の一つだったのである。

個人消費が不足しているなかで、輸出と並んで、中国の高度成長を引っ張ってきたもう一つの原動力は固定資産投資の拡大であった。固定資産投資は企業の設備投資、民間の不動産投資、政府の行う公共事業投資の三つの部門からなるが、中国の場合、過去三〇年間においてこの三部門がいずれも驚異的な急成長を遂げてきた。

その結果、過去三〇年間における中国の固定資産投資の伸び率は概ね三〇%前後、経済全体の成長率をはるかに超えていた。

なかでも突出していたのは不動産投資である。

二〇一六年、中国のGDPに占める不動産投資額の比率はなんと二三・七％（国際通貨基金試算）にも上っていた。日本の場合、同じ一六年における不動産投資の総額はせいぜい四兆円程度だから、GDPの一％にも満たない。この対比から見ても、中国における不動産業の異常さがよくわかる。

こうしてみると、中国経済の構造上の問題点は鮮明になってくる。

本来、健全なる経済成長の基盤となるべき個人消費がきわめて不足している。それに対し、本来なら消費拡大という安定した基盤の上で成り立つべき投資が異常な肥大化を遂げてきた。

そして国民があまりに消費しない分、中国経済は結局、他国民の財布を頼りにするような輸出依存型の経済にならざるをえなかった。「国民の消費欲求を満たす」という経済の本義からすれば、中国経済はまさに本末転倒、手段と目的が逆になっている歪な姿を曝け出している。

はびこった野放図な金融拡大政策

さらに問題になっているのは、このような形での国民経済と経済成長は決して長く続かない、という点である。実際、中国政府が公表した数字から見ても、中国の経済成長率は二〇一〇年の一〇・四％から二〇一六年の六・七％までに続落している。

連続六年間の成長率低落の理由はどこにあるのだろうか。この理由を探るために、話をもう一度、「固定資産投資の伸び率が三〇％前後」にも達するという点についての考察を深める必要がある。

この四半世紀、経済全体の伸び率が一〇％前後で推移したのに対し、固定資産投資伸び率が三〇％前後というのは、どう考えても尋常ではない。けれども、そもそも中国はいったいどうやってそれほど高い投資の伸び率を維持できたのか。それを突き止める必要がある。

投資には言うまでもなく、お金が必要である。政府が公共事業投資を行うのには財源が必要であるし、企業が設備投資を行うにも資金がいる。その際、政府が税収からそれらの財源を捻出し、企業が儲けから資金を捻出するのは一般的な手法だが、中国のように三〇

%前後のべらぼうに高い固定資産投資の伸び率を維持するのにはこのような手法ではとても間に合わない。

中国政府が採ったのは、極端な金融拡大政策である。要するに、政府直轄の造幣局に人民元札をバンバン刷らせて、同じく政府直轄の人民銀行（中央銀行）を通してそれを湯水のように市場に投入してきたのである。

そうすれば、中国政府はいつでも潤沢な投資財源を確保でき、財政出動を行って公共事業投資の拡大を図ることができる。その一方、政府直轄の国有銀行に命じて金融緩和を行い、企業や個人に対する新規融資の拡大を奨励する政策を取れば、企業が銀行から思う存分お金を借りて設備投資を行い、個人も銀行から好きなようにローンを組んで不動産を買うことができる。このようにお金を潤沢に調達できるならば、設備投資も不動産投資も活発になり、経済が成長しないはずはない。

だが、経済はそう甘くはない。一国の経済が長きにわたって、このような安易な金融政策をもって高度成長を維持するならば、必ずや歪みが生じてくる。

よく考えてみればいい。仮にお札を野放図に刷るような金融政策を採って経済成長を遂げてきて何の問題も生じて来なかったら、どの国でも簡単に経済成長ができることになる。自国の札を刷る権利はどの国にもあるからだ。

しかし実際はそうではない。「お札をバンバン刷る政策」には必ず、大きなツケが回ってくることを、大半の国々はよく知っているからである。

「世界の工場」の座から滑り落ちた中国

お札を野放図に刷って市場に投入する政策を長く続けていると、当然ながら、市場に回っている札の量が溢れすぎる、という結果を招いてしまう。経済学的にはそれは「過剰流動性」と呼ばれる。人間の肥満症と同様、一国の経済にとっての「病気」の一つとなる。

いまの中国はまさに、世界の経済史上でも例を見ない「過剰流動性大国」となっており、現在、まさにそれが仇となって中国経済を苦しめているのである。

まずは、過剰流動性のワナに嵌まった結果、インフレを招くことになった。市場に流通しているお金が溢れすぎると、経済の原理として、当然、お金の価値が落ちることになる。そしてお金の価値が落ちるということは、反比例して、モノとサービスの値段が高くなる。つまり物価の上昇＝インフレとなる。

中国では、お札を野放図に刷ったツケとして、二〇一〇年にあたりから深刻なインフレがはじまった。二〇一〇年から二〇一四年頃まではずっと高インフレのなかにあって、物価がうなぎ上りの勢いであった。

物価が上がってくると、人件費も上昇することになる。

二〇一〇年あたりから現在に至るまで、中国国内の人件費、すなわち労働力のコストはおよそ三倍以上跳ね上がってきている。

そして、人件費が急速に上がってきたことで何が起きたのか。

二〇一〇年まで中国の高度成長を牽引し続けてきた原動力の一つである対外輸出の継続的拡大が完全に止まってしまったのである。

かくして中国は「世界の工場」の座から滑り落ちた。

衝撃的だった二〇一六年の貿易統計

元来、中国当局から発表される公式数字は信用に足るものではないと言われてきた。一番有名なのは、地方政府のGDPを合計すると、中国全体のGDPを大きく上回ってしまうことであったが、世界の失笑を買うような身勝手な数字の横行が続いてきた。

それを受けて、李克強首相でさえもが、「自分も下から上がってくる数字を信用していない。比較的信用して見ているのは、電力の消費量と貨物輸出量だ。なぜならこの二つは水増しして多めに報告すると、税金が高くなるからである」と語っているほどである。

かつて、筆者の畏友である産経新聞の矢板明夫《やいたあきお》記者が『2014年の「米中」を読む!』（海竜社）という本のなかでこんなことを書いていた。


……笑い話ではないと断っておくが、最近正しい統計数字として、中国の指導者たちが注目しているのが「ザーサイ指数」である。漬け物のザーサイがどこの町でいちばん売れているのかによって、農民工がどこに移動しているかを把握するというものだ。

農民工は基本的に男性一人が出稼ぎで移動するので、自分では料理しない。安価で簡単に食べられるザーサイは彼らのオカズのメインになっている。逆に長年住みついている家庭のザーサイの消費量は一定している。だから、どこかの町のザーサイの消費量が急に増えると、そこに農民工が集まってきていると指導者は判断しているらしい。

余談だが、昔、周恩来《しゅうおんらい》が毎日寝る前に必ずチェックしていたのが北京市内から外に運び出される糞尿の量だった。当時のトイレはすべて汲み取り式で、トラックや馬車で北京郊外へと運び出していた。

周恩来は北京周辺の農村に運ばれていく糞尿の量を毎日チェックし、その多寡により人民がちゃんと食えているかどうかを判断していた。こうしてみると、中国の歴代の指導者も実状を把握するためにかなり苦労をしていたようだ……

中国が抱える最大の内憂は、やはり、とどまるところを知らない経済の衰退である。中国税関当局が発表した二〇一六年の貿易統計は、輸出額は前年比七・七％減、輸入額五・五％減という衝撃的な数字であった。

中国の経済統計の信憑性が疑われているなかで、貿易統計は信ずるに値する数少ないデータの一つである。貿易には必ず相手があるから、中国が一方的に捏造するには限界があるからだ。したがって自国の統計数字をあまり信用しない李克強首相も、この貿易統計に接したときは、頭のなかが真っ白になって茫然自失に陥ったのではないだろうか。

一国の輸入には消費財輸入と生産財輸入の二つの部門がある。昨年の輸入額がそれほど減ったのは、要するにこの一年間、中国国内の消費と生産の両方がかなり落ち込んでいることを表している。そして、輸出額七・七％減という数字は、より一層、中国経済の絶望的な状況を鮮明に示しているのである。

唯一の〝取り柄〟の安さを失ったメイドインチャイナ

先にふれたとおり、二〇一〇年まで中国の対外輸出の伸び率は驚異的な毎年二五％以上であった。それが中国の高度成長に大きく貢献してきた。輸出が伸びれば、国内の製造業・加工産業が繁栄して雇用が増え、外貨もいっぱい稼げた。

しかし、中国の対外輸出はどうしてあれほど急成長を遂げたのか。考えてみれば、その理由は一つしかない。中国国内の人件費＝労働力のコストが非常に安かったからにほかならない。だから「メイドインチャイナ」の製品は安くつくれて、欧米や日本の市場で広く売れた。安いからこそ、中国製は世界市場で競争力があった。

しかし、二〇一〇年あたりからインフレがはじまって、人件費が急速に上がってきた。そうなると、中国製品がかつてのように安くつくれなくなるのは当然の結果である。

唯一の〝取り柄〟であった安さを失ったメイドインチャイナは、世界市場において以前ほど売れなくなってしまった。競争力はむしろ、もっと安くつくれる国々、たとえばベトナムやミャンマーなどに奪われてしまった。その結果、中国の対外輸出の急成長は止まってしまった。

二〇一〇年以来、中国の対外輸出の伸び率は下落の一途を示してきたが、前項に記したとおり、二〇一六年にはとうとうマイナス成長に陥ってしまい、前年比で七・七％減という衝撃的な数字となった。

二〇一〇年までに毎年二五％増であったのが、いまでは七・七％減。その落差はあまりにも大きく、輸出の継続的拡大という中国経済の高度成長を牽引してきた「エンジン」の一つは完全に止まってしまったのである。

中国の経済成長全体が続落傾向に入ったのが二〇一〇年で、この年を境に中国の対外輸出が落ち始めたことからも、両者の関連性は一目瞭然であろう。

中国の高度成長とは、内需が決定的に不足しているなか、野放図にお札を刷る金融政策を進めて、投資拡大で実現してきた〝歪な成果〟であった。

だが、それに頼るあまり、結局、国内のインフレと人件費の高騰を招いて、成長のもう一つの原動力であった輸出を殺してしまった。

これは中国の歪んだ経済成長戦略が、結果的に中国経済の首を自ら締めてしまうという皮肉の展開を招いてしまったことになる。けれども、縷々書いてきたように、もともと本末転倒の政策で成長を遂げてきた中国経済は、最初からこういう運命であったのかもしれない。

今年五月から急速に冷え込んだ中国不動産市況

今年五月から突如、中国全域の不動産市場に異変が生じた。大都市を中心に、新規分譲住宅の契約件数が前年同期比で急減したのである。

たとえば首都北京の場合、五月の新規分譲住宅の契約件数は二九一二件、一六年五月に比べ三八％も減った。

もう一つの大都市である上海での五月の新規分譲住宅契約件数は前年同期比で二八％減であった。同じ華中地域の南京市《なんきんし》のそれは六二％減にも達した。華南地域の大都市、広州も前年同期比で五〇％も減少した。

新規分譲住宅契約件数の激減は上述のような大都市だけの話ではない。

山東省《さんとうしょう》の省都である済南市《さいなんし》における今年五月の契約件数は前年同期比で六二・六五％減、湖南省《こなんしょう》の省都の長沙市《ちょうさし》のそれは七〇％減、福建省の省都・福州市は六九％減となった。浙《せっ》江省杭州市《こうしょうこうしゅうし》の五月新規分譲住宅契約件数は前年同期比で五九・一四％減、同じ浙江省にある、紹興酒の産地として有名な中型都市の紹興市《しょうこうし》での契約件数は前月比で四四・二一％減であった。

中国国内の民間研究機関である易居研究院は六月六日、定期的に観測している全国五〇都市の新規分譲住宅の販売・最新情報を公表したが、それによると、今年五月において、五〇都市の新規分譲住宅契約面積は前年同期比で約一六％減、前月比で五％減であったという。

契約件数激減の傾向は六月以降も続いている。たとえば北京の場合、六月前半の新規分譲住宅契約件数は九六一件、前年同期比で四九・三％減であった。

このように、今年五月に入ってから、全国の各大都市を中心に、新規分譲住宅契約件数の激減が広がっており、不動産市況が突如、冷え込んできているのである。

契機となったのは習近平発「国家の金融の安全を守ろう」の呼びかけ

こうなったことの理由の一つは、今年春に入ってから、中国各地方の政府当局が続々と、不動産売買への新たな引き締め政策を実施しはじめたことにある。

たとえば北京の場合、三月一七日、北京市住宅および都市・農村建設委員会などの関係部門が不動産購入に対する融資の利息引き上げや購入に際しての頭金比率の引き上げなどを柱とする引き締め措置を打ち出した。これが五月以降、新規分譲の住宅契約件数が急減した原因となったことは一目瞭然である。もちろん北京以外の、先に挙げた各都市のいずれもが厳しい引き締め政策を実施している最中である。

中国の各地方政府はどうしてこの期に及んで厳しい引き締め政策をほぼ同時に打ち出したのだろうか。それを解くキーワードの一つは、「金融安全」という、中国国内で最近頻繁に使われている言葉であろう。

今年四月二五日、習近平国家主席は共産党政治局第四〇回「集団勉強会」を主宰したが、このときの勉強テーマがまさに「国家金融安全」であった。勉強会の冒頭、習主席は「金融安全は国家安全の重要なる一部であり、いかにして金融の安全を守るのかは、わが国の経済・社会の大局に関わる戦略的・根本的な課題だ」と語り、金融安全を守ることの重大さをことさらに強調した。

「金融安全」の重要性に関するこの習主席発言以後、中国政府関係者や金融専門者の口からも、「金融安全」や「金融リスクの回避と管理」といった言葉が頻繁に聞こえてきているのである。

たとえば六月三日、中国人民銀行（中央銀行）の元副頭取、清華大学金融学院理事長兼院長の呉暁霊《ごぎょうれい》は、清華大学主催の国際金融フォーラムで基調演説を行った。そのなかで彼女は、「中国の金融リスクは蓄積しており、いったん爆発すれば金融危機になりかねない」とした上で、「中国は金融安全問題を何よりも重要視しなければならない」と呼びかけた。

あるいは六月一七日、中国保険監督管理委員会副主席の梁涛《りょうとう》は「中国財富フォーラム」で講演し、「金融リスクの防止と管理を非常に重要な位置におくべき」と発言した。

こうしたなかで、国務院発展研究センターの主管下において中国経済年鑑社が発行する『中国経済報告』六月号は、「銀行業界金融リスク防衛戦の号砲が鳴らされた」とするレポートを掲載した。レポートは、中国の各国有銀行は習主席の「国家金融安全」に関する「重要講話」を指導方針として、金融リスクの発生を防止し管理するための「防衛戦」を始めたと報じた。このレポートによると、不動産市場に対する金融の引き締めは、まさにこの壮絶な「防衛戦」の一環であるという。

二〇〇九年以来連続八年間続けた政府の超金融緩和政策のツケがまわってきた

こんな疑問が生じてくる。

ここにきてなぜ習近平国家主席と中国政府関係者・専門家たちは「金融安全を守る」ことの重要性を強調するようになったのか。加えて、なぜ中国政府は国有銀行を動員し、そのための「金融リスク防衛戦」を発動、行使しなければならないのか。しかもそれが不動産市場に対する金融引き締めと何の関係があるのか。

この一連の問題に答えるためにはまず、二〇一〇年代以来の中国の金融の実態を振り返ってみる必要がある。

いま、中国の金融業が抱えている最大の問題、あるいは最大のリスクとは、やはり、中央銀行による無節操な金融緩和を背景に、新規融資の規模が年々拡大しすぎている点である。二〇一六年、各銀行から貸し出された新規融資の総額は一二・六五兆元（約二〇六兆円）。これに対し、同年の中国のＧＤＰ（国内総生産）は七四・四兆元（約一二一二兆円）であった。

一国における年間の新規融資総額がＧＤＰの一七％を占めるのは、世界の金融史上においても稀に見る度を越した過剰融資なのだが、実は中国は二〇〇九年以来連続八年間も、にわかには信じがたいような節度のない金融政策を続けてきた。

二〇〇八年九月に発生したリーマン・ショックを端緒とした世界同時不況の影響を受け、

〇九年に入ってから中国の経済成長率が急速に落ちる場面があった。当時の温家宝首相の主導下、中国政府は経済の崩壊を食い止めるために思い切った金融緩和政策に踏み切り、各国有銀行に「新規融資の規模を拡大せよ」との大号令をかけた。

その結果、二〇〇九年の中国のＧＤＰが三三・五兆元であったのに対し、同年一年間で各銀行が引き受けた新規金融総額は何と九・三兆元にものぼった。これはＧＤＰ比で三割に相当する額であり、世界金融史上、前代未聞の途方もない数字であった。

そのおかげで、二〇〇九年の中国経済は世界同時不況からいち早く脱出して高度成長を続けられたが、これに味をしめた中国政府は以来、金融緩和を成長維持の〝常套手段〟として使ってきた。

その結果、二〇一六年までの八年間、中国国内で流通している貨幣の総量、すなわちマネーサプライは三四五％も増加してしまい、二〇一六年末、国内のマネーサプライは一五五兆元（約二五二四兆円）に達している。

前述のように、二〇一六年の中国のＧＤＰは七四・四兆元程度であるから、ＧＤＰの倍以上のお金が国内の金融機関以外のところに流通しており、これは世界経済史上最大の金融バブルといっても過言ではない状況であった。

それほど膨大な量のお金が銀行から貸し出されて流通していると、深刻なインフレが発生する危険性は慢性的に存在する。それと同時に、銀行の融資がそれほどの規模に膨らんだこと自体、中国にとっての「金融安全」上の大問題なのである。

金融リスクを招いた最大の要因は不動産市場への銀行の放漫融資

銀行からの融資の多くはいわば放漫融資であり、潜在的な不良債権を大量に生み出していることは必至である。そして何らかの問題の発生がきっかけとなって不良債権が顕在化して回収不能となると、金融破綻は直ちに起こり、金融危機が目の前の現実となってしまう。

八年間も無節度の放漫融資が続いた結果、中国のマネーサプライはGDPの倍以上に達しており、中国経済の現状は「金融危機の前夜」にあるといっても過言ではない。したがって、前述の中国人民銀行元副頭取の呉暁霊が「金融リスクが蓄積している」と言って金融危機の発生に警鐘を鳴らしたのは当然であった。

国家元首の習主席が「国家の金融安全」の重要性を強調しなければならないほどゆゆしき状況に直面している。それが中国の生身の姿なのだ。各地方政府はその防衛戦の一環として、不動産市場に対する引き締め策を一斉に実施しはじめた。

二〇〇八年の世界同時不況以来、中国の製造業が長期的な低迷に陥っているなか、銀行業界にとっての融資拡大の一番の有望分野は結局、バブルが膨らみ続ける不動産市場であった。

銀行が不動産市場に大量の融資を流し込むと、不動産物件は飛ぶように売れまくる。不動産市場が繁栄すれば、銀行業界が安定した融資先を確保することができる、という持ちつ持たれつの関係が両者の間に構築されてきた。

たとえば二〇一六年、全国の金融機関から企業や個人に貸し出された新規融資の総額は一二・六五兆元であるが、そのうち個人向け不動産ローンへの貸し出しは五・六八兆元、なんと全体の四五％にも上っている。

この驚きの比率からしても、中国における不動産市場の繁栄はまさに銀行によって支えられているわけだが、それは表裏一体で、銀行にとり途方もないリスクを及ぼしている。

膨らんできている不動産バブルが崩壊して不動産価格が暴落するならば、投機のために銀行から借金して不動産を大量に購入した側は、当然ながら銀行への返済ができなくなる。するると、銀行側には不良債権が大量に発生し、銀行の経営破綻や金融危機を引き起こす可能性が高まる。

だが、各国有銀行はそうした可能性を知りつつも、「バブルは崩壊しない」という幻想の下、不動産市場への放漫融資をなかなかやめないでいた。

結局、先に述べたように、各地方政府は今春の習主席による「国家の金融安全を守ろう」の大号令により、ようやく不動産購入への融資の利息引き上げや購入に際しての頭金比率の引き上げなどを柱とする引き締め策を打ち出すに至った。

その影響は大きかった。銀行が放漫融資に歯止めをかけた途端、全国の不動産市場で新規分譲住宅契約件数の急落が起きたのである。

強制凍結された中国の不動産市場

実は各地方政府は不動産の購入に対する前出の引き締め策を講じただけでなく、これまで見たこともないもう一つの制限策を実施に移した。それは、個人の不動産転売に対する制限である。

筆者の確認したところでは、南京、無錫、杭州など数都市がすでに、個人が居住以外に購入した住宅は二年、あるいは三年以内に転売してはならないとの制限措置を実施した。なかでも河北省の保《ほ》定《てい》市《し》の場合、一部の不動産に対する転売制限を一〇年としたことで全国的に注目されている。おそらく今後、このような転売制限措置は全国的に広がっていくにちがいない。

個人が購入した不動産の転売を制限するという「転売禁止令」を堂々と実施できたのも、独裁国家・中国ならではの〝荒業〟であるが、その目的は明らかである。

不動産市場に対する金融引き締め策を実施していくと、いずれは不動産価格が落ちる方向へと転じる。その場合、投機のために不動産を大量に購入した人々は一斉に手持ちの物件を売り出すようなことになりかねない。しかしそれでは不動産価格が一気に暴落してしまい、バブルが崩壊する危険性が出てくる。

まさにそれを防ぐために、各地方政府は不動産購買への金融引き締めを実施するのと同時に、「期限付きの転売禁止令」を打ち出したわけである。

しかしながら、「買う」と「売る」の両方に制限を加えたことで、政府当局は実質上、中国の不動産市場を「凍結」させてしまったことになる。

買うのも売るのも自由にならないような市場は、もはや市場とは言えない。行政命令で〝凍結〟された中国の不動産市場は、このまま推移すれば「死に体」と化してしまうのであろう。

金融リスク回避のために不動産市場への金融引き締めを止むを得ず実施した一方、そのために不動産価格が暴落するのも防ぎたい。中国の各地方政府、そしてその背後で指揮を執る中央政府の本音はまさにこれである。

そして不動産市場を「凍結」させた結果、不動産価格の暴落、すなわち不動産バブルの崩壊はしばらくの間は食い止めることはできるのかもしれない。

けれども不動産市場の凍結は、中国経済に別の打撃を与えることになるはずだ。これまで膨大な不動産投資が大きな柱となって中国の経済成長を支えてきたことはよく知られている。繰り返しになるが、二〇一六年の中国のＧＤＰに占める不動産投資額の比率は一三・七％（国際通貨基金試算）に上っている。

これから不動産市場そのものが凍結され、市場が死に体となってしまうと、不動産への投資が激減するのは誰の目にも明らかである。市場が動かないところへ投資が向かうはずがない。

そして中国経済の約四分の一を占めている不動産投資が激減するとなると、中国経済は成長率を二％、三％奪われるようなレベルにとどまらない、尋常でない負の影響に確実に見舞われよう。ただでさえ減速中の中国経済がこれで一気に傾いてしまうのは火を見るよりも明らかと思われる。

そうなることは百も承知の上で、政府当局が不動産市場を凍結させるような政策に打って出たところに、中国経済と中国政府の抱える深刻なジレンマが横たわっている。不動産市場を凍結させれば実体経済に多大な打撃を与えることはわかっているが、そうしなければ、金融危機の発生は目の前の現実となってしまい、それはさらに怖い。

だから、不動産市場を殺しても仕方がないとする壮絶な覚悟で、中国政府は金融安全第一の方針を貫くこととなったのだと、筆者は考察する。

不動産市場が死に体となり、経済成長を支えてきた不動産投資が激減した結果、中国経済がどのような姿を白日の下に晒されることになるのか、もはや「神のみぞ知る」世界になると予言しておこう。

外資企業が「党建」から逃れるには中国撤退しかない

最近、中国の会社を畳んで家族とともに外国に移民した親類と会った。彼曰く、自分が創業した一〇〇％の民営企業のなかに、地元の政府当局が共産党組織を強制的につくろうとしたため、それが怖くなって、会社を整理して海外に出たという。

国有企業ならともかく、民営企業のなかに「共産党組織を強制的につくる」ということと自体、日本人の読者には理解に苦しむ話であろう。だが、それは、習近平政権がこの数年間、全力を挙げて進めてきた「党建全面カバープロジェクト」の一環なのである。

ここでの「党建」とは中国共産党の専門用語で、「党組織の建設」を指している。「党建全面カバー」とは要するに、中国国内に存在するすべての機関や企業体、各種の社会団体にあまねく共産党組織をつくり、党組織のネットワークを持って中国社会を完全にカバーする、という意味合いである。

党建全面カバープロジェクトが推進される以前からも、中国の政府機関や国有企業、そして、大学から裁判所までのすべての公共機関には党の組織が厳然と〝君臨〟し、日常的に活動している。

したがって、このプロジェクトの狙いはむしろ「両新組織」、すなわち「新経済組織」と「新社会組織」における党組織の建設であろう。

新経済組織とは、民営企業や外資企業など国有企業以外の企業体のことを指す。新社会組織とは、学術団体や業界団体、NPO組織や同好会など、ここ二〇年で頭角を現し、各分野で活躍している民間団体のことである。

このような両新組織はもともと、共産党とは無関係なところで民間人がつくった企業体であり、任意団体であるから、最初から党の組織がないのは当たり前である。しかし、この「党建全面カバー」は、まさにそれら党組織の〝空白地帯〟に狙いを定めたものなのだ。今後、シラミ潰しに一つひとつ、党組織をつくり、民営企業や社会団体に押し付けていくであろう。

これが完成された暁には、何らかの経済活動や社会活動に参加しているすべての中国人は、身近にある共産党組織によって監視、管理され、逃げ場のない「完全支配体制」のなかで生きていくしかないのである。

特に困るのは、民営企業である。企業のなかに党組織ができてしまうと、それが上部党組織の〝意思〟で動くために企業の意思が働かなくなる。それどころか、党組織の人たちが共産党の絶対的権力をバックに、会社へ無理難題を押しつけてきたり、経営権や人事権に干渉したりして、傍若無人な振る舞いをするのは必至である。

冒頭の筆者の親類の話では、ある経営者仲間の企業に党組織ができてからは、一部の不真面目で行状の悪い従業員が党組織の周辺で一致団結し、毎日のように仕事をサボったりして経営陣に難癖をつけてくるようになった。しかし、経営者は彼らをどうすることもできない。党組織のメンバーとその周辺の人間を解雇しようとすれば、党の権力によって真っ先に潰されるのは会社のほうだからだ。

このようにして、民営企業のなかにできつつある党組織は、あたかもガン細胞であるかのように、企業という生命体を侵食していく。それは、中国国内企業に限ることではない。「党建全面カバープロジェクト」の対象となる「新経済組織」には外資企業も含まれているから、いずれ日系企業も含めたすべての外資企業のなかに党組織という名のがん細胞ができ、猛威を振るう事態となろう。

外資企業がそこから逃れる唯一の道は、共産党支配の中国から一日も早く撤退することであろう。

閑話休題

深刻化する地方政府の債務処理問題を丸投げした中央政府

悪化の一途をたどってきた中国の地方政府の債務処理問題がさらに深刻化している。

昨年末、危機感を顕わにした国務院は「地方政府債務リスク応急処置案」を公布したが、いったい地方政府が抱える債務はどれほどのものか。

楼継偉《ろうけいい》前財政相が認めたところでは、二〇一五年末、地方政府の債務残高は一六兆元(約二八〇兆円)に上ったという。同じ年、中央政府を含めた全国の政府財政収入が一五・四兆元であったから、地方政府債務の大きさがよくわかる。

当然ながら、その債務残高一六兆元とは単に各地方政府が直接借金した負債であって、それ以外に、たとえば地方政府の傘下にある「融資平台(投資会社)」などの負債も実質上、政府債務に加算される。

こうした「隠れ債務」を計算に入れると、中国の各地方政府の抱える債務は、すでに、中央政府ですら把握しきれないほどの天文学的な数字になっていることが推測できよう。

さらに問題となっているのは、地方政府債務のあまりにも激しい増え方である。

二〇一二年末、地方政府の債務総額は九・六二兆元であったが、三年後の一五年末になると、それが一六兆元に膨らんできている。年に二兆元(約三五兆円)増の計算だ。

このままでは、各地方政府は膨らむ一方の債務の返済に追われ、破綻への道をたどるのは時間の問題であろう。現に昨年一月から一〇月まで、地方政府が債務のために支払った利息だけでも四一〇七億元に上り、前年同期比で四一・二%も激増している。

このような緊急事態のなかで応急処置案が登場してきたわけだが、問題はこれが果たして真の解決になるのかどうか、であろう。

その最大のポイントは、今後、中央政府は地方政府債務の肩代わりや救済は一切せず、すべては地方政府の責任で処理せよ、という項目である。

つまり、中央政府が出した「方策」とは、地方政府に債務処理の責任を負わせただけのものだったのだ。

経済が沈滞化しているなかで中央政府も財政難に陥り、もはや地方政府の面倒を見られなくなったのだ。地方政府からすれば、それは「応急処置」というよりも、まさに中央政府の「不応急処置」に等しい。

結局、地方政府は今後、まったく自力で債務危機を解消していくしかない。そのために彼らがとれる方策は、財政支出の多くを占める公共事業投資を減らす一方、税収の大幅増を図ることであろう。

中国のいまの税収制度下では、間接税（消費税）などの主な税収は全部中央政府に持っていかれるから、地方政府が税収を大幅に増やすには、主要な税収源となる地方企業の法人税や営業税に目を付ける以外にない。

つまり今後、中央から応急処置を厳命された各地方政府は一斉に、なりふり構わぬやりかたで民間企業を「搾りの対象」にしていくこととなるだろう。

当然、経済衰退に苦しんでいる多くの中小企業は、さらなる苦境に立たされる。その結果、中国経済のより一層の地盤沈下を招きかねない。まさに、悪循環のアリ地獄に陥るわけである。

こうしたなかでは、各地方政府がこれまではさまざまな優遇政策をもって誘致してきた外資企業をも魅力的な「税収源」と見なすことは必至であろう。とりわけ日系企業は気をつけなければならない。

第5章

一帯一路構想の背景と中国の思惑

限界に達した従来型の成長モデル

二〇一七年五月一四、一五日の二日間、中国政府肝いりの「一帯一路（海と陸の現代版シルクロード）構想」の初めての国際会議が北京にて開催された。同会議には一〇〇ヵ国以上の一五〇〇人が参加、二九ヵ国の元首が集まった。

新中国建国以来、最大規模となった中国主催の国際会議の主役は当然ながら習近平国家主席で、ナンバー2である李克強首相の姿は見られなかった。

今回はおのれの権力を内外に誇示したい習近平の政治ショーの意味合いが強かったが、ここであらためて「一帯一路」構想の狙いについて、筆者なりの視点から解説してみたい。

狙いの一つを大摑みに言うならば、鉄鋼産業や鉄道事業などの中国の基幹産業とそれを担う国有大企業を救うための壮大なプロジェクトということになる。

これまで筆者が「中国経済の構造的問題点」を論じるときに幾度も指摘してきたとおり、これまでの中国は内需が決定的に不足しているなか、政府の公共事業投資や企業の設備投資などからなる固定資産投資の継続的拡大をもって高度成長を牽引してきた。

だが、二〇一〇年代に入ってから、従来の成長モデルは完全に限界にぶつかってしまう。

それまでに野放図に公共事業投資や設備投資を行ってきた結果、どの部門においても、過剰投資、過剰設備、過剰在庫、過剰労働力という問題を抱えてしまったからである。

たとえば、中国における公共事業＝インフラ投資の花形の一つである高速鉄道（中国版新幹線）の場合、二〇一一年から一五年までの五年間、全国で一万キロ以上の高速鉄道が急速に整備された。その結果、現在、中国全国で人口五〇万人以上の都市部は洩れなく高速鉄道でつながれており、国内ではそれ以上の高速鉄道を整備しようがない。

今後、仮に人口五〇万人以下の都市をつなげる高速鉄道をつくっても採算が合わないのは明々白々なことである。もちろん高速鉄道だけでなく、いまの中国においては高速道路も空港も港湾もインフラ投資のほぼ全部門が飽和状態となっており、それ以上のインフラ投資の展開は〝不毛〟としか言いようがない。

インフラ投資などの公共事業投資が飽和状態となって頭打ちとなって困ったのは、鉄鋼やコンクリートを生産するための基幹産業とそれを担う国有大企業であった。公共事業投資ブームや不動産投資ブームがもたらした鉄鋼やコンクリートなどの需要増に応じるため、それら基幹産業は莫大な設備投資を行って驚異的な生産能力を実現した。

たとえば鉄鋼産業の場合、年産二三億トンといわれる世界全体の鉄鋼生産能力のうちの一一・九億トン、つまり半分以上を中国一国が備えている。しかし、鉄鋼の需要を大量に生み出した中国国内のインフラ投資などが止まると、この莫大な生産能力が完全に過剰となってしまう。実際、二〇一六年の中国国内の年間鉄鋼需用量が七億トン程度、生産能力の三分の二も満たしていない。後の三分の一以上が過剰となっているわけである。

したがって、中国政府は昨年から鉄鋼産業などの企業の一部を「ゾンビ企業」に指定、その生産能力の削減・人員の整理を命じているが、なかなか進んでいない。鉄鋼産業など基幹産業には労働集約型の国有大企業が多いから、本格的な生産削減・人員整理を行うと、失業者が大量発生するのは必至であるからだ。それは共産党の一党独裁支配を根底から揺るがす社会問題になりかねない。

「一帯一路」構想を全面支援するためのAIIB設立

ならばどうすればよいのか?

いわば究極の妙手として編み出されたのが「一帯一路」構想であった。この壮大なる構想の骨子とは、アジアのみならず欧州とつながるユーラシア大陸全体にまで触手を伸ばして、鉄道や道路や港湾などのインフラ投資を中国主導で展開していくことであり、中国側の思惑はあまりに見え透いている。

要するに、中国国内のインフラ投資が飽和状態に陥り、これによって中国の基幹産業と国有大企業が困窮しているのであれば、これからは海外に新天地を求めて、持続的かつ大規模なインフラ投資を展開していけばよいとする発想である。

「一帯一路」構想をユーラシア大陸全体で進めていけば、今後数十年間において莫大なインフラ投資の需要が生み出され、中国の鉄道事業や道路事業、そしてそれらを支える鉄鋼産業やセメント産業などは仕事の受注に困らない。これにより中国の各基幹産業の抱える生産過剰の問題は一気に解消されてしまい、「ゾンビ企業」は瀕死の淵から蘇ってくるのであろう。中国の国有大企業と中国政府は救われるという寸法だ。

こうしてみると、「一帯一路構想」は、まさに中国政府による、中国企業のためのプロジェクトであることは明々白々である。

ところが、もう一つの問題は、このような世界規模の投資プロジェクトを展開していくための投資資金はどこから出るのか、である。

中国政府はすでに、今後五年間において一七兆円の投資資金を「一帯一路」に注ぎ込むと表明しているが、この一七兆円のお金は全部中国が出すのかとなると、まったくそうではない。

その役割を果たそうとするのが、「一帯一路構想」の展開に先立って設立、起動させたＡＩＩＢ（アジアインフラ投資銀行）である。いま、世界の九〇ヵ国以上の国々からの参加の下で、ＡＩＩＢはすでに稼働している。知ってのとおり、本部は北京に置かれ、初代総裁の金立群《きんりつぐん》は中国政府の官僚であることから、この投資銀行は中国主導の国策銀行そのものと考えてよい。

そして中国政府がこの銀行を設立した最大の狙いは、まさに「一帯一路構想」を金融面から支えていくことにほかならない。つまり、これから「一帯一路構想」に注ぎ込まれる投資資金は、主にＡＩＩＢが源になる。

人の褌で相撲を取ろうとする中国に距離を置く諸先進国

しかし、ＡＩＩＢの出資国は中国だけではない。中国が最大の出資者ではあるけれど、参加国のすべてはある程度の出資を行っている。つまりＡＩＩＢとは、中国政府の主導下で世界各国から資金を集めるための集金マシンでもあるが、その集まったお金もまた、中国政府の主導下で、中国の基幹産業と国有大企業を救うための投資プロジェクトに注ぎ込まれていくわけである。

もうここまできたら、読者諸氏もおわかりであろう。習近平政権がＡＩＩＢとセットして打ち出した「一帯一路構想」の本当の狙いとは、世界各国から資金を集めて中国の経済と企業を救うためにそれを使うことにほかならない。

人の褌で相撲を取るとは、まさにこういうことであろう。

中国政府のもう一つの狙いがある。一帯一路構想に沿うプロジェクトを展開していくことによって、アジア全体とユーラシア大陸などにおける中国の経済的・政治的影響力を強めていくことだ。言葉を換えれば、「親中国」の勢力圏の拡大となろう。いずれにせよ、ＡＩＩＢにしても、一帯一路構想にしても、中国にとっては良いこと尽くしなのである。

問題は、中国政府のこのような虫のよすぎる〝算段〟が果たしてうまくいくかどうかであろう。

当然、習近平の思惑通りになるとは限らない。投資を受ける側のアジア諸国、あるいはユーラシア大陸の国々にしてみれば、インフラ投資が自国で展開されることは有難いので大いに期待しているが、問題は資金を出す側である。ＡＩＩＢに参加した多くの先進国はいま、莫大な出資を行って自分たちにどれほどのメリットがあるのかに疑義を呈し、出資を躊躇っているのが実相である。

二〇一六年一月に成立されたＡＩＩＢであるが、同年末までに参加国から実際に払い込まれた資本金はわずか六八億ドル、授権資本金（資本金上限）の一〇〇〇億ドルの七％未満でしかない。

開店休業の状況でスタートを切ったＡＩＩＢに対して、冒頭述べた「一帯一路首脳会議」に、先進国から首脳が参加したのはイタリアのみであった。ひるがえって、インフラを欲しがる途上国の元首たちは嬉々として北京に詣でてきた。

インフラ投資の資金源と期待される金持ちの諸先進国がことごとく距離をおいているのに対し、金は持たないが投資が欲しい途上国は引き付けられてやまない。

これが習近平政権が「世紀のプロジェクト」として意気込む「一帯一路構想」の実態なのである。このような夢物語のプロジェクトが成功するかどうか、それは読者諸氏のご判断にお任せしよう。

第一位	中国	29,780百万ドル（29・7％）
第二位	インド	8,367百万ドル（8・3％）
第三位	ロシア	6,536百万ドル（6・5％）
第四位	ドイツ	4,484百万ドル（4・4％）
第五位	韓国	3,738百万ドル（3・7％）

第六位　オーストラリア　3，691百万ドル（3・6％）
第七位　フランス　3，375百万ドル（3・3％）
第八位　インドネシア　3，360百万ドル（3・3％）
第九位　ブラジル　3，181百万ドル（3・1％）
第十位　イギリス　3，054百万ドル（3・0％）
（資本金の合計一〇〇〇億ドルでスタートするＡＩＩＢ、ベスト一〇の出資国と予定出資比率）

中国デベロッパーによる人工都市計画と一帯一路戦略の関係

中国伝統の元宵節である二月一一日、中央テレビは恒例の総合番組「元宵晩会」を全国に流した。そのなかでひときわ目を引いたのは、最大のスポンサー企業である碧桂園の自社プロジェクトの宣伝であった。

碧桂園は中国の大手デベロッパー企業。九万人の従業員を抱え、年商一四〇〇億元（約二兆三三〇〇億円）を超える巨大企業である。この碧桂園が「元宵晩会」で宣伝に最も尽力したのが、二〇一五年末に着手、二〇三五年の完成を目指す巨大投資プロジェクト「森林都市計画」である。

森林都市計画とはその名の通り、それまで何もないところに一つの都市を丸ごと造るプロジェクトだ。碧桂園は二五〇〇億元（約四兆一六〇〇〇億円）を投じて、住宅三〇万戸と関連商業施設・教育施設からなる人工都市を、二〇年の歳月をかけて造っていくものである。

いかにも中国巨大企業らしい壮大なる計画だが、実はこの碧桂園が鳴り物入りで始めたばかりの巨大プロジェクトは中国国内ではなく、外国のマレーシアで行われるものだ。

昨年から、マレーシア政府の許可と支持を得て、シンガポールに隣接する同国のイスカンダル地区でこの森林都市プロジェクトはスタートした。予定地はシンガポールの国境に近い、わずか二キロの距離の場所だ。

それにしても、中国デベロッパーが外国の地に都市を造っていったい誰を住ませるつもりなのだろうか。

そのターゲットは中国国内の富裕層である。予定地をマレーシアに選んだ理由は、同国政府の外資導入と移民に対する優遇政策にあるが、「シンガポールに隣接している」というのも、中国人富裕層にとっては大きな魅力であろう。

実際、碧桂園が「森林都市計画」のために行った広告活動はほとんど中国国内向けのもので、中央テレビなどを頻繁に使っているほか、投資者、住居者募集の盛大なキャラバンを全国の各都市で展開しているのである。

つまり碧桂園はこれから、数十万戸の家をマレーシアで造り、そこに一〇〇万人単位の中国人を定住させようとしている。どう考えても、一種の「植民計画」以外の何ものでもない。

当然ながら、碧桂園を後押ししているのは中国政府である。

中国最大の国有通信社・新華社が刊行する『瞭望週刊』の二〇一六年一一月三〇日号は、「森林都市」に関する長文の記事を掲載した。そのなかで、中央官庁の国家発展と改革委員会の関係者が、森林都市計画は国家の「一帯一路戦略」の模範プロジェクトだと高く評価した上で政府としてのバックアップを表明した。

碧桂園集団副総裁の朱剣敏《しゅけんびん》も、「森林都市は国家の一帯一路戦略に沿ってつくった計画である」と明言している。

一帯一路戦略とは、習近平国家主席が提唱した経済圏構築の構想で、中国西部と中央アジア・欧州を結ぶ「シルクロード経済帯」（一帯）と、中国沿岸部と東南アジア・インド・アラビア半島・アフリカ東を結ぶ「二一世紀海上シルクロード」（一路）の二つの地域でインフラ整備および経済・貿易関係を促進するというものである。

だが、碧桂園森林都市計画の例からすると、この一帯一路戦略には、アジア諸国に中国人の〝植民〟地域をつくって中国人を大量に移住させる計画も含まれているようである。

マレーシア政府はいま、「森林都市計画」がもたらす莫大な投資や雇用機会創出などの経済利益のために積極的に協力している。だが将来、中国人による、中国人のための「一〇〇万人都市」が自国のなかに建設されることが、マレーシアとその国民にとって果たしてプラスになるのかどうかとの問題は必ず浮上してくるのであろう。

そしてそれは、マレーシアだけでなく、アジア諸国全体にとっての問題でもある。

失業率増加を恐れてゾンビ国有企業を救済する愚

昨年の夏あたりから中国国内で大きな話題となっているのが民間投資の急落である。一部経済紙などは「民間投資、断崖絶壁からの急落」という切迫した表現を使っており、事態の深刻さが伝わってくる。

国家統計局発表によると、二〇一六年の全国の民間企業が行った固定資産投資の伸び率は前年比で三・二%と低迷した。二〇一五年のそれは一〇・一%だったから、単純に比較すると、伸び率は三分の一以下に落ちたことになる。

二〇一二年まで民間企業による固定資産投資の伸び率は毎年平均二五％前後であった。いまや民間企業が競って投資を行い、生産拡大をはかるような「黄金時代」は往時の伝説でしかない。

いまの中国で民間投資は全固定資産投資の六二％を占めており、民間企業が国内総生産（GDP）の六割以上をつくり出している。民間企業の投資が激減したことと、民間企業が拡大再生産への意欲を失っていることは、中国経済にとっての致命的な打撃となろう。

問題は、民間企業がどうして投資しなくなったのかである。これに対し、著名な経済評論家の余豊慧《よほうけい》は「ゾンビ（死に体）企業」の存在を理由の一つに挙げている。

余によれば、いま、大型国有企業の多くが「ゾンビ化」しているなかで、政府は雇用維持の視点からどうしてもゾンビ企業の延命をはかりたい。そのために国有銀行に命じてゾンビ企業に莫大な融資を行い、無駄な〝輸血〟を続けているという。

しかし、その分、民間企業に回ってくる銀行融資が極端に少なくなって、民間企業は投資しようとしてもできない状態なのである。つまり、中国政府は失業の拡大を恐れ、国有企業優遇の金融政策を進めた結果、民間企業の投資が激減し、それが逆に、中国経済の低迷に拍車をかけていくという構図である。

これこそが習政権が推進する「国進民退」政策の正体である。

民間企業の投資ベクトルは海外へ向かっているが…

その一方、多くの民間企業はたとえ資金があっても投資したくない事情もある。その理由について一部の専門家たちが語るのは中国語でいう「信心喪失」の問題だ。未来に対する展望や確信の喪失、という意味合いである。

招商銀行専属の経済学者、劉東亮《りゅうとうりょう》と中華工商時報副編集長の劉杉《りゅうさん》はそれぞれ、「民間企業の未来への信心の欠如」「企業家の信心喪失」を民間投資の激減の理由に挙げている。

民間企業がなぜ信心喪失となったのかに関し、劉東亮が言及したのは「未来における政策の不確実性」であり、劉杉が挙げたのは「イデオロギーの変化への懸念」である。

中国独特の政治環境のなかで、両者は許されるギリギリの表現で問題の所在を指摘しているのだが、端的に言えば、習近平政権が進めている「改革への逆行」と「毛沢東時代への回帰」の政治路線が民間企業の未来への展望を失わせ、彼らの投資意欲を殺してしまったということであろう。

その一方、民間企業は海外への投資拡大に積極的である。二〇一五年の対外直接投資額は前年比一八・三％増の一四五七億ドル（約一五兆円）と過去最高を更新し、米国に次ぐ世界二位の規模となった。

業種別では、製造業、金融、情報・コンピュータサービス・ソフトウエアなどの伸びが顕著であった。

中国の民間企業は結局、習政権下の中国から一日も早く脱出し、資産と事業を海外へ持っていこうと躍起になっているのである。その行く末にあるのは、中国経済そのものの土台の崩壊であろう。

ところが、ここにきて中国当局は海外投資、海外買収に積極的な中国企業を狙い撃ちにする規制を次々と打ち出している。過去に行った海外買収案件についての追加融資への制限、海外資産を担保に中国内の銀行からの借り入れができなくなるなど、民間企業の動きを意識して急激に締め付けを強化しだしている。

習近平政権がいまやっていることのすべては、中国という国を破滅の道へと導いているようである。

蜜月ぶりが目立つ中国政府とIMFラガルド専務理事

そんな折り、七月二六日のロイター発の記事に筆者は目を剝いた。

……ＩＭＦ（国際通貨基金）のラガルド専務理事は二四日、中国をはじめ新興国の成長トレンドが今後も継続し、ＩＭＦの議決権構造に反映されれば、今後一〇年で北京がＩＭＦ本部となる可能性があるとの考えを示した。世界開発センターでのイベントで述べた。

経済規模や影響力の拡大に伴い、ＩＭＦは新興国の議決権比率を引き上げる必要があり、こうした動きは「あり得る」とし、「一〇年後にはワシントンではなく、北京本部でこうした会話を交わしているかもしれない」と述べた。

ＩＭＦ規則では、加盟国で最も経済規模の大きい国に本部を置くと定められているという。

ＩＭＦは一九四五年の創設以来、最大の経済国は米国で、一六・五％の議決権を有している。だがエコノミストは、中国が向こう一〇年以内に国内総生産（ＧＤＰ）で米国を抜き、名目ベースで世界最大の経済国になるとの見方を示している……

この発言を行ったのはＩＭＦトップのクリスティーヌ・ラガルド専務理事であるが、彼女は大の中国贔屓として知られている。

米国ワシントンDCに本部を置くIMFは、加盟国の為替安定化や、国際収支の悪化した国に対して融資を実施し、国際金融市場の安定を図ってきた。二〇一六年一〇月、通貨危機、外貨不足に陥った加盟国に配る仮想通貨のSDR（特別引き出し権）の構成通貨に人民元が採用されたのは記憶に新しい。

言ってみれば、SDRの構成通貨に人民元の組み入れは、IMFが人民元は国際通貨であるとのお墨付けを与えたようなもので、中国側は狂喜乱舞した。

世界が驚いたのはSDRの構成比率であった。中国は依然として為替取引の自由化に及び腰で、資本流出を恐れるあまり、為替改革どころか、金融自由化は目に見えて後退しているのが実相だ。

そんな中国の通貨人民元のSDR構成比率が一〇・九二％と発表された。これは米ドル（四一・七三％）、ユーロ（三〇・九三％）の次に位置し、日本円（八・三三％）、英ポンド（八・〇九％）を上回っており、多くの金融専門家たちは首を傾げた。

だが、中国政府とラガルド専務理事との蜜月ぶりを勘案すれば、そう不思議がることはない。あるとき友人にこう教えられた。

「IMFのナンバー2、副専務理事が誰なのか知ってるかい？　中国人民銀行副総裁を務めた朱民《しゅみん》（二〇一六年七月退任）なのだよ」

これで中国がゲタを履かせてもらった理由がストンと腑に落ちた。
さもありなん、である。

閑話休題

年間一七〇〇万件以上に及ぶドライバーがキレて怒り出す路怒症事件の検挙数……

国営新華社によると、二〇一五年末における中国の自動車の保有台数は一億七千二〇〇万台、米国に次ぎ世界第二位だった。ちなみに日本は第三位で、七七〇〇万台である。中国が世界有数の車大国になるにつれ、大気汚染や交通渋滞など、車社会ならではの諸問題が起きており、最近では「路怒症」と称される問題が注目を集めている。

路怒症とは文字どおり、「道路で怒り出す症候群」という意味である。あおり運転などでトラブルが起きると、どちらかのドライバー、あるいは両方がキレて相手と衝突を起こす。中国の場合、そのキレかた、衝突の激しさには並々ならぬものがある。

たとえば今年四月五日、江蘇省昆山市《こうそしょうこんざんし》の道路で傷害事件が起きた。その経緯はこうであった。

二人の男が乗用車で鉄道の駅へ急ぐ途中、渋滞のなかで前方に一台のトラックが横から割り込んできた。それに怒った乗用車のドライバーが信号停止中に車から飛び出しトラック運転手と口論の末、用意していたナイフで相手を刺した。幸い、致命傷にはならなかったが、この程度のことで人を刺すとはまさに驚きの出来事である。

路怒症で人を殺してしまうケースもあった。昨年三月五日、甘粛省《かんしゅくしょう》蘭州市《らんしゅうし》の道路。前方を走る乗用車のドライバー（Aとする）が携帯電話で話しながら運転していたため速度を落としたところ、後方の乗用車のドライバー（Bとする）が何度もクラクションを鳴らし、「速く走れ」と促した。そして、前方の車を追い越したとき、Aに罵声を浴びせたのである。

それに怒ったAは必死になってBの車を追跡した。そしてBの家の車庫まで追いかけて激しい口論となった。怒りが収まらないAは持ってきたナイフでとうとう相手を刺したが、刃を受けて死亡したのは、たまたま、この場に居合わせたBの近所の男であった。

あるいは昨年六月八日、山東省青島市の道路で、ある男が運転する車が別の車と軽くぶつかってすり傷が生じた。男は相手のドライバーと激しい口論になり、興奮した男は車から野球のバットを取り出し殴りかかった。しかし、そこで殴り殺されたのは何と、二人のなかに割って入り、けんかを止めようとした別の男だった。

道路上の些細なトラブルでそこまで正気を失うのは極端な例ではある。だが、中国全土の道路で、毎日のように路怒症による事件が発生していることも事実だ。

昨年九月、中国公安部交通管理局が発表したデータによると、二〇一五年一年間で全国の道路でドライバーの路怒症によって引き起こされた違法事件の検挙数は一七三三万件にも上っている。単純に計算すれば、同年に中国国民が路怒症で犯した違法事件は一日平均にして四万七〇〇〇件以上もあった。

路怒症事件はなぜそれほど頻繁に起きるのか。車の多さによる道路の混雑も理由の一つではある。だが、最大の理由はやはり、いまの中国で一般国民が抱える不平不満が高まり、車のドライバーたちがキレやすくなったことにあるだろう。

実際、今年三月に開かれた全国人民代表大会（全人代）で、李克強首相は政府活動報告のなかで、「大衆が激しい不満を示している問題」の深刻さを自ら認めた。

路怒症事件の多発もこうした「激しい不満」の表れの一つであろうが、中国政府の心配はむしろ、大衆の不満が何らかの政治問題に向かって集中的に爆発してしまうことだ。

そうなったとき、あるいはそうなる前に、中国政府は何らかの対外紛争を起こし国民の目を外にそらすという「必殺の剣」を抜くこともあるから、中国問題にはなおさら注意が必要だ。

第6章

荒廃する中国社会の風景

当局の裁量余地の大きい中国スパイ法を警戒せよ

中国当局は今年三月、山東省煙台市《さんとんしょうえんたいし》と海南省三亜市《かいなんしょうさんあし》で計六人の日本人を拘束した。容疑はスパイ行為で国家の安全を脅かした疑いというものだが、中国におけるスパイの定義がいたって曖昧であり、日本人のみならず中国を訪れる外国人の困惑を広げている。

この邦人六人は二〇代から七〇代の男性。うち四人は千葉県船橋市の「日本地下探査」の社員で、二人は西日本の同業会社の社員。いずれも三月下旬から、中国の企業と組んで温泉開発の地質調査をしていた。

温泉開発のための地下調査を行っただけで、どうしてスパイ行為の容疑を持たれたのかと首を傾げる日本人も多いだろうが、一部の報道によると、煙台市と三亜市には中国海軍の軍港などがあるから、地下調査を行った日本人が軍事的な機密への接触を疑われた可能性があるらしい。

それに対して、日本地下探査の佐々木吾郎社長は「調査は内陸部でしており、中国側の会社が許可も取っていたと聞いている。スパイ行為など考えられない」とコメントしている。常識からしても、内陸部で地下調査を行ったことで、中国海軍の軍事機密に触れたことはまずありえないのではないか。

ならばこの六名の日本人がスパイ容疑で拘束されたのはいったいなぜなのか。

実は今回の事件だけでなく、二〇一五年以降、日本人の男女計五人が浙江省や遼寧省《りょうねいしょう》、上海、北京などでスパイ行為に関わった疑いを持たれて拘束され、すでに四人が刑事裁判にかけられている。この五人のなかには一般企業の会社員もいれば、普通の主婦もいることから、彼らがスパイに容疑で裁判にかけられていること自体、不思議なことである。

ここで注目すべきは、日本の民間人がスパイ容疑で拘束されたり裁判にかけられたりしたのはすべからく二〇一五年以降、という点であろう。

その背景にあるのはやはり、二〇一四年一一月に施行された「反スパイ法」という法律ということになる。

同法のスパイ行為の定義を定めた三八条に「(5) その他のスパイ活動を行うこと」があるが、問題はまさにこれだ。この場合の「その他」はまったく〝無制限〟なもので、いかなる拡大解釈も許してしまうきわめて恣意的な、当局の裁量にゆだねる危険な条文だからである。つまり、中国政府当局が「それがスパイ行為だ」と判定さえすれば、どんなことでも「スパイ行為」だと見なされる可能性があるのだ。

このようなアバウトな「反スパイ法」が制定された背景には、習近平国家主席が二〇一四年四月あたりから唱えはじめた「総体的国家安全観」が横たわっていると思われる。

七月二六日、先にふれた、中国当局に拘束されていた日本地下探査社員など六名のうち四名が解放された。ただ、残り二名は依然拘束されている模様だ。

人民日報系の環球時報は、二人の日本人について、中国の国家機密を盗んだ重大な容疑があり、国家安全法と反スパイ法違反の疑いで取り調べを受けていると報じた。

拘束中なのは日本地下探査と、中国遼寧省大連市《だいれんし》の「大連和源温泉開発公司」の各責任者であるという。

習近平の疑心暗鬼が生んだ「総体的国家安全観」

二〇一四年四月一五日に新設された中国中央国家安全委員会の初会議で、委員会のトップにおさまった習主席は「重要講話」を行い、「総体的国家安全観」という耳新しい概念を持ち出した。

一般的に国家安全とは「外部からの軍事的脅威に対する国家の安全」という意味合いで

理解されることが多いが、習主席が示した「総体的国家安全」はそれとは異なる。

講話は「政治安全、国土安全、軍事安全、経済安全、文化安全、社会安全、科学安全、生態安全、資源安全」など一一項目を羅列し、それらの安全すべてを守っていくことが「総体的安全観」の趣旨だと説明している。

つまり習主席からすれば、いまの中国は政治と軍事だけでなく、経済・文化・社会・科学などのあらゆる面において「国家の安全」が脅かされていることになる。したがって、中国は今後、この「あらゆる方面」において国家の安全を守っていかなければならないとされるわけだ。

こうした考え方は、もはや「草木皆兵」のような疑心暗鬼と言うしかない。しかしながら、二〇一四年一一月に誕生した前述の「反スパイ法」は、まさにこのような疑心暗鬼に基づいて制定された法律である。

同法のスパイ行為の定義を定めた三八条の「(5) その他のスパイ活動を行うこと」は、まさしく習近平の「総体的国家安全観」に基づくもので、「スパイ行為」を政治・経済・文化・科学のあらゆる面において拡大解釈できるような法整備である。

こうなると、スパイの摘発にあたっている中央と各地方の国家安全部・安全局の現場で何が起きるかは容易に想像できよう。より多くのスパイを摘発して自らの手柄にしようとする安全局の要員たちは、習主席の「総体的安全観」を旗印にして、三八条の（5）を根拠にして、本来ならスパイでも何でもない行為をとにかくスパイ行為として取り扱い、その摘発に躍起になっているのである。

その結果、日本人技術者が温泉開発のための地下調査を行っただけでスパイ容疑を持たれて拘束される事態になったが、その場合、たとえ彼らが何らかの軍事的機密に触れていなくても、地下調査を行ったこと自体、習近平のいう「国土安全」あるいは「資源安全」を脅かす行為として、いわば「その他のスパイ行為」の枠組みにおいて摘発されることはありうるのである。

このような状況下では。極端な場合、たとえば日本企業が販促のために中国で市場調査を行うような行為も、中国の「経済安全」を脅かす「その他のスパイ行為」だと見做されてしまうかもしれないし、中国に書籍やＤＶＤなどの類を持ち込んだだけで、中国の「文化安全」を脅かす「その他のスパイ行為」として疑われてしまう可能性もあろう。

このような状況下では今後、日本企業と普通の日本人はまず、中国とのあらゆる交流は「危険」を伴うものであることをきちんと認識しなければならないし、必要性の低い中国入りは控えたほうがよいのかもしれない。

そしてこの「反スパイ法」の実施をきっかけに、われわれはもう一度、かの異質な国とどう付き合っていくべきかを考えなければならないのである。

スパイ狩り天国と化した北京には近づくべからず

今年四月一〇日、中国の北京市国家安全局は、スパイ行為に関する新たな規則を制定し、ただちに施行した。

わかりやすく言うならば、一般市民によるスパイ行為の通報を奨励し、事件の摘発につながる重要な情報を提供した場合、通報者に最高で五〇万人民元（日本円で約八〇〇〇万円）を報奨金として払うという、いわば「密告奨励」の規則である。

これに対して、誰もが疑問を感じるだろう。

どこの国でも同じだが、スパイ活動への監視や摘発は本来、専門の反スパイ機関が行うもので、高度な専門知識と技術を要する仕事である。一般人がスパイ活動を見破り、通報することはそうたやすくできるはずもない。北京市の新規則はいったい何が狙いなのか。

問題のポイントは、中国当局が示す「スパイ活動」が何を指しているかに集約されよう。前項の繰り返しになるが、念のために確認しておこう。

二〇一四年一一月から施行となった「反スパイ法」は三八条でスパイの定義を示しており、その（5）には「その他のスパイ活動を行うこと」とある。

この場合の「その他」とはまったく無制限なもので、いかなる拡大解釈も許してしまうきわめて危険な条文である。つまり、中国政府当局が「それがスパイ行為だ」と判定さえすれば、どんなことでも「スパイ行為」だと見なされる可能性がある。

実際、この反スパイ法が施行されて以降、日本人だけで四人以上が中国で拘束されることとなったが、彼らのなかには、普通のビジネスマンや主婦、日中間の交流活動に従事しているいわゆる友好人士が含まれている。

ただでさえこのありさまだから、前述の新規則が実施されたことで、状況はよりいっそう厳しくなっていく。最高八〇〇万円という普通の労働者の年収の一〇倍以上にもなる法外な報酬金があまりにも魅力的だからだ。

首都の北京とはいえ、社会の底層には金の亡者となったゴロツキやならず者たち、賭博や麻薬にどっぷりと浸かっている人々、闇金融に手を出して借金の取り立てに追われている人たちは大勢いる。

彼らにとって、当局の新規則はまさに「干天の慈雨」となろう。

彼らはこれから、北京市内でビジネスに従事している外国人や、さまざまな交流活動を行っている外国人、そしてそれらの外国人とつながっている中国人たちの周辺に張り付いて、毎日のように監視の目を光らせ、ありとあらゆる捏造や妄想の情報を当局に通報するであろう。

その際、首尾よく報奨金にありつけたら儲けもので、不発に終わったとしても別に失うものは何もない。

北京という街は、まさに「スパイ狩り」の天国となり、普通の外国人や中国人にとって恐怖の地獄と化していくであろう。誰でもいつでもどこでも、「スパイ通報乱発」の餌食にされてしまう危険性があるからだ。

無実の人が嘘の通報の対象にされ、そのまま冤罪を押し着せられたら一巻の終わりである。仮に後になって疑いが晴れたとしても、当局の取り調べを受けただけで、現地での仕事と生活に大きな支障が生じてくるのは間違いない。

それでは、日本人を含めた外国人たちはどう対処すべきか。

おそらく唯一にして最善の対処法はできるだけ中国に、最低限、北京には近づかないことであろう。

少なくとも私自身、前述の反スパイ法が制定されて以降、かの国の地に一切足を踏み入れないことを決めている。

「危邦に入らず」というのは、他ならぬ中国最大の聖人である孔子様からの大事な教えである。

詐欺が地場産業化した農村部の現状

このところ中国の国内メディアで「詐欺の郷」という言葉を頻繁に見かける。農村部の村々の集合である「郷」で、郷民の多くが詐欺集団と化し、郷ぐるみで詐欺犯罪を行っているという意味である。

たとえば、江西省《こうせいしょう》余幹県《よかんけん》の江埠郷は、「子供を欲しがる貴婦人詐欺」の本拠地として有名である。

発覚したこの詐欺の手口は以下のとおり。「夫から莫大な遺産を相続した子を持たない貴婦人が、子づくりのパートナーとなる若く健康な男性を大金で募集する」という嘘のメールを不特定多数に送り、釣られた人に「信用保証金」を要求するというもの。これまで、この詐欺で捕まった三六〇数人のうち、二〇〇人程度が江埠郷の石渓村と李家村の村民であることが判明している。

二つの村の村民の大半が詐欺に関わっており、多くの場合、家族単位、あるいは親族単位で詐欺グループを結成、「貴婦人」「弁護士」を演じる役割やネット情報を拡散する役割を分担し、全国で暗躍してきたとされる。

一方、遼寧省豊寧県《ほうねいけん》の西官営郷が「詐欺の郷」との悪名をとどろかせたのは、「ヤクザを装う詐欺」の本拠地となっているからである。中国では、遼寧省を含めた東北地方の「黒社会＝ヤクザ」が全国的に恐れられており、西官営郷の村民はそれを利用した。彼らは全国各地で〝本物〟の東北ヤクザを装い、わざとぞんざいな東北弁を使って人々に恐喝の電話をかけ、お金をゆすりまくっていた。

また、福建省安渓県《あんけいけん》の長坑郷は、「電信詐欺」と呼ばれる中国版オレオレ詐欺の犯罪基地として名を馳せている。長坑郷といえば、もともとはウーロン茶の産地として一目置かれていたのだが、ここ数年の経済低迷のあおりを受けて製茶産業が凋落した。そこで郷民たちは家族ぐるみ、あるいは村ぐるみの「詐欺」を企んだ。

数十におよぶ詐欺集団は、メールアドレスや電話番号などの個人情報を不法な手段で入手する「情報組」、全国の個人に電話をかけまくる「電話組」、騙したお金を確実に受け取るための「集金組」を組織し、詐欺活動を展開した。

最盛期には長坑郷から発信されたオレオレ詐欺の電話とメールは一日一〇〇万本以上に上り、全郷住民三万人のうち、約一万人が詐欺容疑で摘発された前科があるという。まさに「詐欺の郷」である。

きわめつけは湖南省双峰県《そうほうけん》で、ここは県内の郷ではなく、県全体が「詐欺の郷」と化していた。

人口約九五万人の双峰県は、昔から偽証明書の製造が〝地場産業〟になっていたことで有名だが、数年前から「合成写真詐欺」が新たな産業として盛んになった。全国の党・政府の幹部や企業経営者の個人資料とその写真を収集してきて半裸や全裸の美女との合成写真をつくり、本人に対して恐喝とゆすりを行うのである。

新京報によると、双峰県の「合成写真詐欺産業」はすでに一大産業となり、県内の走馬街鎮では、鎮民七万人のうち、少なくとも二万人が偽証明書作成か合成写真詐欺に従事しているという。

以上は、最近中国で話題となった「詐欺の郷」のほんの一端である。一握りのならず者がひそかに犯罪を行うのではなく、一つの村、一つの郷、あるいは一つの鎮全体において人々が半ば大っぴらに詐欺という名の産業を起こしているところに特徴があろう。

このままでは、中国において「詐欺の郷」にとどまらず、「詐欺の県」あるいは「詐欺の省」も現出しかねない。いつか中国という国自体が「詐欺の国」となっていくのかもしれない。

ここまできた「上に政策あれば下に対策あり」の実状

八月一日付けの中国『法制日報』が興味深い記事を掲載した。中国で「公印偽造」が氾濫して大問題となっている、という内容である。

全国各地の専門店へ行ってそれなりの代金を支払えば、どんな公印でも簡単に入手できるのだという。大学や病院、上場企業の公印はもとより、中央官庁、地方政府の公印まで金額次第で作ってもらえる。地方政府の公印なら、三〇元程度（日本円で五〇〇円前後）で十分である。

それではどういう人がどういう目的で公印を作っているのか。

『法制日報』は一つの事例をあげている。ハルビン市某医学院四年生の陳君は卒業を間際に悩みを抱えていた。大学の規定では卒業するためにまず、どこかの病院で実習し、そこから「実習済み証明書」をもらわなければならない。しかしこの就職難の時代、「就活」に奔走していた陳君には実習にいく余裕はなかった。彼はどうしたのか。一〇元程度で印鑑屋に某医院の公印を作ってもらい、自分のパソコンで作成した「証明書」に捺印し、大学に提出したのである。

『法制日報』が挙げた陳君の例はおそらく、偽造公印を利用した犯罪のなかで最も「かわいい」部類のものであろう。今年七月の新聞記事を検索すると、次のような事件が発生していた。
・無職の男が公証部門の公印を偽造、銀行から無担保で一四億元の融資をだまし取った。
・薬品メーカーが医薬品認可担当の政府部門の公印を偽造して有効期限を過ぎた薬を販売。
・受刑者の親族が病院の公印を偽造して「診断書」を作り、外部治療と称して受刑者を刑務所から出所させた。
・大学の教師と職員が結託して、大学の公印を偽造し「卒業証書」を濫造、販売した。
これらはほんの一部であるけれど、中国人民の知恵の〝深さ〟を示してくれている。

前述の陳君の例のように、普通の大学生がいとも簡単に公印偽造に手を染める事態になっていることをみると、いまの中国では、こうした犯罪が人民の社会生活の一部となっている感すらある。社会からの幅広いニーズがあるから、公印偽造が一種の「産業」として繁盛しているのである。

今年六月、呼和浩特《ふふほと》市で警察が公印・公文書偽造の「専門店」を捜査したところ、偽造中の「公印」四三〇点と「公文書」四二〇点が見つかった。昨年一二月には漢中市の警察が同じような専門店の製造拠点に踏み込むと、公印偽造専用の設備二セットと、中央官庁のものを含めた偽造公印一〇〇〇点以上がそこにあったという。

このようにして、業者が白昼堂々と公印を偽造し、利用者は気軽にそれを買って使う。それがいまの中国における「公印偽造市場」の実情である。その背後には、社会全体のモラルの低下とともに、中国共産党政権が作り上げた厳しい管理社会への反動があるのではないかと思う。

政権は独裁体制維持のためには、人々の社会生活を隅から隅までその管理下におかなければ気が済まない。その手段の一つが企業や各種団体や個人の活動に対する厳しい認可権の行使である。

認可権の象徴はすなわち公印である。企業や団体や個人がこの社会のなかで生きていくためには、いつでもどこでも、政府部門や公共機関に公印を押してもらわなければ何もできない。

政権によって強いられたこのような不自由さから逃れるためには、賄賂を贈るのも方法の一つだが、より一層簡単なやり方は、権力の象徴である公印そのものを偽造することだ。「上に政策あれば下に対策あり」と言われるこの国では、政治権力と国民とのこのような暗闘がつきものである。

「最後の勝者」となるのはいったいどっちの方だろうか。

「女排精神」の裏側に垣間見られる現代中国の精神的貧困

話は昨年九月、リオ五輪が閉幕直後へと遡る。

その当時、中国の国内メディアを大いににぎわしていたのが「女排精神」という言葉であった。

女排とは中国語で女子バレーボールを意味する。八月二一日、リオ五輪のバレーボール女子決勝で中国チームがセットカウント三対一でセルビアに逆転勝ちして優勝を決めたことから、「女排精神」の新造語が生まれた。

今回の五輪で中国の獲得メダル数は当初の予想以下に低迷し、イギリスに負けて参加国中三位に転落した。国内では一時、諦めムードが漂っていたが、五輪最終日の女子バレーの劇的な逆転勝利によって、中国国民の鬱憤が一気に吹っ飛ばされたのである。

その直後から、「女排精神」という言葉が国内の各メディアに登場してきた。

同二二日、『毎日経済新聞』は「改革が困難を乗り越えるのには〝女排精神〟が必要」とする社説を掲載した。有力地方紙の『南方日報』も社説で「新しい時代の〝女排精神〟

を高揚させよ」と呼びかけた。同日、軍機関紙の『解放軍報』も論評を掲載して「軍を強くするために〝女排精神〟を高揚させるべきだ」と力説している。

以来、「女排精神」は毎日のように叫ばれることになったが、同二六日、『新民週刊』は「女排精神は民族精神の時代符号」と題する論評を発表し、流行の女排精神を「民族精神」にまで昇格させた。同二七日、全国紙『光明日報』は女排精神のことを「民族復興の英雄的DNA」だと持ち上げた。

次は『人民日報』の出番である。同二九日から連続三日間、「女排精神」を褒めたたえる論評を掲載したが、そのなかで女排精神を「負けず嫌いの精神」や「団結奮闘の精神」などと定義した上で、女排精神をもって民族の自信を高め、民族復興の力を強めようとの大号令をかけた。

こうした経緯で女排精神の単語がひとり歩きして全国的に広がり、あたかも万能な「魔法の精神」であるかのように取り扱われた。

たとえば安徽省の電力国有企業は「〝女排精神〟に学び、電気の安定供給に努めよう」とのスローガンを高らかに掲げ、山西省太原市《さんせいしょうたいげんし》地元紙は「〝女排精神〟を発揮して山西省の農特産品ブランドを創ろう」とする情熱的な社説を掲載した。IT業界のある企業が「ネット金融を成功させるのには〝女排精神〟が必要」とのコメントを発表したかと思えば、

LED照明業の業界紙は「〝女排精神〟はわが国のLED企業にどのような啓発を与えているのか」との分析記事を載せた。

このようにいまの中国では、「民族の自信」を高めるのにも、「改革の困難」を乗り越えるのにも、解放軍を強くするためにも、山西省の特産品ブランドを創るためにも、ネット金融を成功させるためにも、とにかく何もかもすべては女排精神の力にすがらなければならないありさまとなっているのである。

もちろん女排精神といっても、それは所詮、中国女子バレーチームの二〇代そこそこの女の子たちが持つスポーツ精神にすぎない。一三億人の大国中国の『人民日報』から『解放軍報』まで、IT業界からLED業界までが、彼女たちのスポーツ精神を「民族の精神」にまで持ち上げて、まるで〝救世主〟であるかのように拝もうとする……。

この滑稽な光景は逆に、現在の中国全体における精神の欠如を露呈している。誇るべき民族の精神が実際に何もないからこそ、にわかづくりの女排精神を利用して心の巨大な空白を埋めようとしているのである。

つまり、女排精神という言葉が流行った背後にあるのは、現代中国と中国人の「精神的貧困さ」である。このような国と民族に未来があるとはとても思えない。

中国共産党政権の正統性の否定につながる民国時代の見直し機運

中国の近代史には「民国時代」と呼ばれる時代が存在していた。

一九一一年に起きた辛亥革命の結果、中華民国が誕生。以来一九四九年に中国共産党が全国政権を樹立するまでの〝三七年間〟を民国時代と呼ぶ。

中華民国政府を大陸から追い出していまの中華人民共和国を創建してから、中国共産党政権は一貫して民国時代を「暗黒時代」と定義づけ、極力貶めてきた。なぜなら、民国時代が暗黒時代だったからこそ、それに取って代わった共産党政権の時代は「良き時代」と宣伝できるからにほかならない。

しかし二一世紀に入ってから、特に胡錦濤政権時代において、民国時代を見直そうとする運動が民間から自発的に起こった。それにより中華民国が大陸を統治した時代はむしろ経済と文化が繁栄し、知識人は言論と学問の自由を謳歌した良き時代であるとの認識が広がった。

民国時代をことさら美化するような「民国神話」まで生まれているが、その背景には当然、いまの共産党政権を暗に批判する人々の思惑があった。

その結果、「民国時代は憧れの古き良き時代である」との認識が定着してしまい、いまの習近平政権の厳しい思想統制下においても、民国神話はいっこうに衰える気配がない。

たとえば今春、民国時代に使われた小学生用の国文や修身の教科書が上海の出版社から復刻されたが、それが全国の書店に陳列された途端に一気に売り切れとなって、各界から絶賛の声が上がった。

いまから約九〇年前に編纂された民国時代の教科書が再び歓迎されたことは、民国神話の根強さを示すと同時に、共産党政権下で編纂された現行教科書がいかに〝不人気〟であるかを証明している。

今年二月、山西省太原市の地元紙『発展導報』は、太原市の育英中学校という有名な進学校が一億元（約一六億円）以上を投じて新校舎を建設、同校舎は懐古的な民国風建築であると伝えた。いまの中国で民国風と言えば、それはすなわち典雅や上品のイメージである。

三月には、雲南民族大学の四年生が校内で民国時代の学生服や知識人の服装を身につけ卒業記念写真を撮ったことが話題となった。彼らが意図的に現代のカラー写真ではなく、いかにも民国風情を醸すモノクロ写真を撮ってネットで流したところ、全国で大反響を呼んだ。

民国風に憧れているのは若者だけではない。三月三日、広州の『新快報』は、広東省東《とう》莞市《かんし》で数十人の高齢者が民国風の優雅な正服に身を包み、民国風の化粧を施して、「人生最後の記念写真」の撮影に臨んだと報じた。おそらくこれらのお年寄りにとって、民国の古き良き時代を、自分たちの人生最後の拠り所としたかったのではないか。

このように民国時代はいま、多くの中国人にとって憧れの古き良き時代となっている。こうした社会現象は共産党の習近平政権からすればまったく面白くない。

民国時代が古き良き時代であるなら、民国政府を転覆させてこの良き時代に終止符を打った共産党の革命とは何だったのか、との疑問が当然出てくるからだ。それは中国共産党政権の正統性を根底からひっくり返すような危険性を持つものである。

習政権がいまになって「民族の偉大なる復興」のスローガンを持ち出したのもある意味、このような民間の思潮への対抗であったはずだ。「自由と繁栄の民国時代」を凌駕するために共産党は「強大なる中国」を演じてみせる以外にない。

したがって、対外的帝国主義政策を推し進めることにより、民国時代以前の中華帝国の回復を図っていくことは、習政権の宿命的な至上課題となっている。

だが、われわれ周辺国家にとって迷惑千万な話である。

閑話休題

一人っ子政策が招いた三四〇〇万人余剰男性問題に対する解決策とは?………

昨年一二月二八日、中国共産党中央宣伝部は全国の宣伝部門を招集して「農村精神文明建設」をテーマとするテレビ会議を開いた。

そのなかで、党宣伝部長の劉奇葆は「農村地域のあしき風習を一掃し、精神文明の建設を推進せよ」との大号令をかけた。党宣伝部がやり玉に挙げた「あしき風習」の一つは、中国の農村地域で広がっている「天価(超高額)彩礼」の問題である。

彩礼とは中国古来の婚姻儀礼で、結婚を正式に決める前に新郎の家が新婦の家に一定金額の現金を贈る風習である。日本の結納金にあたるが、最近、特に問題となっているのは、そのびっくりするほどの相場の高騰である。

中国のネット上で流布されている「二〇一六年全国各省彩礼相場一覧表」によると、湖南省、山東省、浙江省などでは彩礼平均相場が一〇万元(約一六〇万円)。旧満州の東北地方や江西省、青海省《せいかいしょう》となると、一気に五〇万元(約八〇〇万円)台に跳ね上がる。極め付きは上海と天津で、両大都市の彩礼相場は、何と一〇〇万元(約一六〇〇万円)台に上っている。

こうしてみると、「天価彩礼」は党宣伝部のいう農村部だけの問題にとどまらない。問題は農村地域の貧困にもかかわらず、彩礼の価格があまりにも高くつり上げられている点に集約されよう。

中国中央テレビが今年二月に陝西省農村部で行った天価彩礼の実態調査によると、たとえば同省楡林地区の彩礼相場は、新郎の家の裕福度によって一〇万元から二〇万元であることが判明した。宝鶏、隴県などの地域でも相場はほぼ同じである。そして全省の農村部を平均すると、彩礼相場は一〇万元程度となっていた。ただしそれは、陝西省農村家庭の平均年収の〝一〇倍以上〟にもなるとんでもない金額なのである。

年収の一〇倍以上、日本の感覚でいえば、数千万円以上のお金を出して嫁をもらう。これはもはや「人身売買」同然の世界ではないのか。実際、前出の陝西省農村地域では、「嫁を買う」が日常的慣用語となっているありさまである。

沿岸に近い安徽省の場合、彩礼に関連して流行っているのが「万紫千紅」であるという。中国の人民元をみればわかるが、五元札は紫色を基調とし、一〇〇元札は紅色となっているから、万紫千紅とは要するに、五元札一万枚、一〇〇元札千枚、総計一五万元なり。それが彩礼の相場である。しかも、銀行の振り込みでは駄目で、新郎の家は実際に万紫千紅の札束を新婦の家まで運んでいかねばならない。

こうなった原因の一つは当然、中国の農村部における深刻な嫁不足にある。

かつてない過剰人口を抱えてしまった中国は、人口増加を抑える目的で、毛沢東時代の後期から、一人っ子政策を敷いた。この政策はある程度奏功した。もし一人っ子政策を採らなかったら、現在の中国の人口は一六億から一七億人に達していたという試算もあるほどだ。

しかしその結果、もたらされたのは、「余剰男性」問題であった。一人っ子政策が敷かれている期間、妊娠した胎児が女とわかれば堕胎するケースが圧倒的に多く、この三〇年間で男女比率がきわめて〝いびつ〟になってしまった。現在では、三四〇〇万人も男性が上回っており、これは台湾の総人口の一・五倍に達する。

理論的には、この三四〇〇万人の余剰男は生涯、結婚できない計算になっているから、いずれ社会的大混乱を引き起こす火種の一つとなろう。

こうした現状の下、一部の学者やネット民からは、移民政策を進めることによって三四〇〇万人におよぶ余剰男性の結婚問題の解決を図るべきだという意見が数多く上がってきている。要するに、中国国内で結婚できない男たちの大軍を海外に向かわせて嫁を探させよう、という発想である。

それでは周辺の国々の若い女性たちはまるで、中国自身が引き起こした余剰男性問題を解決するための道具となっているかのようである。

中国が国内危機を周辺国に転嫁するのはご免こうむりたいが、この問題の多い巨大国とどう付き合っていくのか。それは常に周辺国にとっての悩みの種である。

終章

わが亡き同志たちに捧げる鎮魂歌

今年も六月四日がやってきた

今年六月四日の時事通信発の記事によると、米ティラーソン米国務長官は中国・北京で民主化運動が弾圧された天安門事件から二八年を迎えたのに合わせて声明を出し、「事件で殺害されたり、拘束されたり、行方不明になったりした人々に関し、十分に説明するよう中国政府に改めて求める」と訴えた。

声明は事件について「平和的抗議に対する中国政府による暴力的抑圧」だと指摘。中国当局に対し、事件で近親者が犠牲になり、真相究明などを求めている家族らへの嫌がらせをやめ、「事件を忘れないために闘い、収監された人々」を釈放するよう促した。

筆者にとって、一九八九年六月の天安門事件は単なる歴史書のなかの出来事ではない。一九八〇年代を通して多くの仲間たちとともに中国の民主化運動に身を投じた一人として、筆者自身もある意味で、当事者の一人である。当時、すでに日本に留学していた筆者は難を逃れることができたが、筆者と面識のある数名の同志たちは、まさにこの「北京虐殺」においてかけがいのない命を奪われた。

いまから一〇年前、この天安門事件で虐殺されたわが亡き同志たちに捧げた鎮魂歌として書いた文章があるので、是非読んでいただきたい。中国という国家の〝国柄〟を理解できると思うからである。

人民解放軍は人民に銃口を向けるようなことは絶対ない

天安門事件で殺された人々のなかに、袁力《えんりょく》という若者がいた。年齢は筆者より一年半上で、一九六〇年七月七日の生まれである。当時、袁力は北方交通大学修士課程を卒業して、国家電子工業省所属の自動化研究所に勤めていた。

彼が殺されたのは、北京市内の木犀地という場所で、天安門広場に通じるメイン・ストリート・長安街の交差点の一つだった。後に、袁力の父親である袁可志《えんかし》さんと母親の李雪《りせつ》文《ぶん》さんは、自分たちの息子が殺される前後の経緯を記載した手記を連名で公表した。ここでは、手記の内容に基づき一部始終を見てみよう。

この年の四月下旬に民主化運動が勃発した後も、仕事に没頭していた袁力は、デモなどの抗議行動にそれほど積極的に参加しなかった。だが、同時代に生きる多くの若者たちと同様、彼も当然運動の展開を熱心に支持し、行く末に多大な関心をもっていた。

毎日の仕事から帰宅すると、彼はさっさと夕飯を済まし、自転車で近所の中国人民大学へ行き、そこで民主運動の新しい動向や関連ニュースを聞き出すのである。そして夜遅くにふたたび家に帰ると、両親や弟を起こして、自分が聞いてきたことを報告しながら、運動の行く末や国の将来についての自分の意見を熱っぽく語り、家族と論争することもあった。

五月一九日、中国政府はとうとう北京において戒厳令を敷く事態になった。そのときから、学生運動に対する軍の武力鎮圧が現実味を帯びてきたが、袁力は頑としてそれを信じなかった。彼は「人民解放軍は人民に銃口を向けるようなことは絶対ない」と断言したという。

袁力の両親が目撃した阿鼻叫喚の地獄絵

そして、六月三日の晩、悲劇のとき秋がやってきた。その日、袁力は友達と一緒に一日中出かけた。人民解放軍の戒厳部隊がすでに北京市外に迫っていたので、袁力らは市内への入り口の一つである「公主墳」という交差点へ行き、やってくる解放軍先頭部隊に対して宣伝活動を行い、北京から撤退するよう説得しようとした。しかし日が暮れても戦闘部隊がなかなか現れなかったので、夜の九時頃に袁力はいったん帰宅した。一晩休んでから、翌日に引き続き、人民解放軍を説得しにいくつもりであった。

そのときであった。夜一一時半頃、袁力の家の近くにある木犀地という長安街の交差点付近で、爆竹のような銃声が炸裂するのが聞こえた。袁力はまっすぐに家から飛び出し、玄関の外に置いてある自転車に乗ろうとした。彼の後ろについて飛び出してきた母親の李雪文さんは力いっぱい袁力の自転車を止めて、「やめなさい。解放軍はもう発砲しているのよ。危険だよ。止めなさい」と、彼の外出を阻もうとした。しかし袁力は、「こんなときに何を言っているんだ。家でじっとなんて、できるわけないだろう」と険しい顔で怒り出し、気でも狂ったかのように自転車を母親の手から奪おうとした。そして、母親の手が緩まった瞬間、彼の体はすでに自転車の上に跨がり、あっという間に闇のなかに消え去ったのである。

それは、母親の李雪文さんが袁力の姿を見た最後であった。その晩、両親は一睡もせずに帰宅を待ったが、六月四日の朝になっても、袁力の姿はいっさい現れなかった。両親は「何かあった」と思わざるをえなかった。

両親はさっそく、北京市内の親戚にも声をかけて、一族総出で袁力を探した。両親はまず木犀地へ行ったが、一帯はすでに解放軍部隊に閉鎖されていて、市民の姿はまったく見当たらない。両親は今度は、自転車に乗って天安門広場の方向へ向かい、息子の姿を捜しまわった。途中、両親が目撃したのは、まさに阿鼻叫喚の地獄絵であった。

彼らはそのときに見た光景を、手記のなかでこう記している。

「天安門へ行く途中、私たちは学生の群れに数多く出会った。ショックのあまり呆然としている人、手足に傷を負った人、負傷者や死者を台車や板で運ぶ人。若い人たちの顔からは心が炸裂したかのような深い悲しみがにじみ出ていた。

天安門に近づいていくと、長安街の両側の商店の壁には、銃弾で開けられた穴が密集しているのが見えた。道路には血の痕跡があちこち残されていて、戦車がアスファルトの地面を押しつぶした跡が一目瞭然だった。

天安門広場はすでに完全武装の解放軍兵士によって何重にも包囲されていた。包囲網の外側には大勢の市民たちが集まり、沈黙のなかで解放軍と対峙していた。解放軍の兵士たちは一様に、銃口を市民に向けたままである」

ほとんどの死者は目を大きく開けたままだった

その後、袁可志夫婦はもう一度家に戻り、袁力がやっぱり家に帰っていないことを確認した。彼らはもはや、最悪の事態を予期せずにいられなかった。それからの数日間、袁可志夫婦は自転車で北京市内の病院を一件ずつ見て歩き、袁力、あるいは彼の遺体が収容されていないか確認した。

市内の各病院で、袁可志夫婦はまたもや地獄図を見ることになる。手記はこう綴られている。

「私たちが各病院で目撃したのは犠牲者たちの遺体の山である。袁力を探すために四四軒の病院を見回ったが、遺体が収容されていない病院は一つもなかった。少なくて数十体、多いと一〇〇体以上もあった。私たちは袁力の確認のために、遺体を一体ずつ見ていったが、ほとんどの死者は目を大きく開けたままである。なかには、頭の半分や顔の半分が削られた者、顔全体が血に塗れた者もいた。遺体の回りには、泣き崩れる遺族、気絶している母親の姿が多く見られた」

袁可志夫婦は捜しまわった四四軒目の病院である海軍病院で、やっと袁力の遺体を見つけた。手記は、発見されたときの袁力の亡き姿も記している。

「袁力の身につけているTシャツとジーンズは完全に血に染まっていた。喉の部分に穴があき、背中の下にもう一つの穴があいているから、銃弾が上の方向から彼の喉の部分に命中して体を貫通したように見える。おそらく、戦車か軍用トラックの上からの発砲だったのだろう。袁力の両目は大きく開き、口も大きく開いていた。殺された瞬間に何かを叫んでいたのだろうか。火葬のとき、私たちは彼の目を閉ざすことはできたが、口はどうにもならない。袁力は最後まで、口を大きく開けたままの姿であった」

卑劣な無差別虐殺に謝罪しなかった歴代の中国共産党政権

袁可志夫婦の手記をここまで紹介してくると、筆者も涙を抑えられない。筆者と同じ年代に中国に生まれ育ち、一九八〇年代の民主化の夢を共有した一人の若者の無残な死である。

彼には何の罪もない。悪いことは何一つやっていない。民主化運動の指導者や中核的な参加者ですらない。彼はただ、その時代に生きる一人の中国人青年として、自分自身の良識と良心にしたがって、普通に考えて普通に行動しただけである。そして彼は最後まで、「人民解放軍は人民に発砲するようなことは絶対にない」と信じていたようだ。

その彼が殺された。自分の二九歳の誕生日を目前にして、信じてやまない解放軍兵士の手によって銃殺されたのだ。戦車の上から、銃弾一発で喉から身体を貫通され、若い命とかけがえのない青春と、そして未来への夢のすべてを奪われたのである。

一九八九年六月三日の夜から四日の未明にかけて、袁力と共に殺された若者や市民たちの数はどれほどだったのか。それはいまでも、「最高国家秘密」として当の殺人政府である中国共産党政権の手によって封殺されたままである。死者数千人という説がもっとも有力であるが、確実な根拠があるわけではない。

しかし、袁力の殺され方からもわかるように、一九八九年六月三日の夜から四日の未明にかけて、鄧小平と彼の率いる中国共産党政権が、何の罪もない若者たちと一般市民に対して、もっとも残虐にしてもっとも卑劣な無差別虐殺を行ったことは、揺るぎのない歴史的事実である。

この北京での〝虐殺〟も含めて、毛沢東時代以来の数多くの大量殺戮の罪に対して、いまの中国共産党政権は一度も謝罪したことがない。反省の色すら見せていない。

このような中国共産党政権が引き続き中国を支配する限り、これからの中国史に、またもや虐殺が生じない保証はない。

民主化運動の熱狂のなかで一人深い思考と反省を行った劉暁波

最後に、去る七月一三日に亡くなった劉暁波《りゅうぎょうは》について記しておきたい。劉暁波は中国の民主化運動のシンボル的存在であり、中国人として初めてノーベル平和賞を受賞した人物。享年六一歳。

末期がんに侵されても中国政府が出国さえ許さなかった劉暁波は間違いなく中国民主化運動の「イエス・キリスト」であり、多くの人々に希望と勇気をもたらしてきた輝ける星であった。

一九八〇年の初頭から始まった中国の民主化運動は、「毛沢東的な愚民政治にはもう二度と騙されないぞ、人民の権利と自由を奪った独裁体制はもう御免蒙りたい」との思いから出発したものであった。

それから一九八九年の天安門事件まで、中国の知識人や若者たちは独裁体制の解体という「革命的目標」の実現に向かって一直線に快進撃を続け、やがて「天安門」という決戦の天王山を迎えることになった。

このプロセスにおいては、運動の担い手だった知識人や若者たち（筆者自身もその一員だった）は、まさに天下国家を一身に背負って新しい時代を切り開こうとするような英雄的気概をもって自分たちの政治運動を展開させた。

そして「われらこそが時代の先覚者である」との自負を持ってこの国に存在しているありとあらゆる政治的・社会的弊害と理不尽に厳しい批判と非難を浴びせ、独裁体制を筆頭とするすべての悪を中国の大地から一掃するとの意気込みで自分たちの「革命」を起こしていった。

しかしいまになって思えば、このような政治運動のなかで英雄気取りをして自分たちの「革命」に半ば陶酔していた当時の知識人や若者は、世の中のすべてを批判しているとはいえ、果たして自分自身に対する冷静な反省と批判があったのだろうか。

「毛沢東が悪い、独裁体制が悪い」と言って諸悪の根源をすべて体制に帰する当時のわれわれは果たして、「文革一〇年」の悲劇を生んだ深層的社会要因に深い〝洞察〟を行ったことがあるのだろうか。そしてわれわれ自身の心を見詰めずにして、われわれ自身の心を入れ換えずにして、独裁体制を潰したといっても、この中国は果たしてそれで良い国になれるのだろうか。

だが、筆者も含めた当時の中国の知識人や若者のほとんどは、このような深い意味での反省と思考を行わなかった。政治運動に明け暮れていたなかで、自分たちの描く理想と夢に酔いしれているなかで、それを行う心の〝余裕〟もなかったのである。われわれは単に、革命的目標の実現に向かってひたすら走り、そして「天安門」の悲劇へと向かった。

だが、このような革命的熱狂のなかで、ただ一人、頭を冷やして深い思考と反省を行った人がいた。劉暁波である。

中国に悲劇をもたらした最大の元凶は中国人たちの心に宿る「鬼」である

ほとんどすべての知識人たちは「文革一〇年」という悲劇をもたらす元凶が「体制」であると認定してそれで満足しているなかで、彼だけはより深いところに洞察のメスを入れた。

彼はこう考えた。

体制は確かに悪くて、確かに悲劇の元凶であった。しかしそれはすべてではなかった。このような体制のなかで、毛沢東と四人組の粛清運動に加担して多くの被害者を生み出したのはむしろわれわれ普通の人間だったのではないか。

体制のなかで育てられて非人道的な「革命思想」を植え付けられたわれわれ自身の人権

意識の無さと心の残酷さこそが、あれほど広範囲のリンチとなぶり殺しが現実に行われたことの背景だったのではないか。

「文革一〇年」の悲劇を二度と繰り返さないためには、独裁体制の解体も重要ではあるが、それと同時に、われわれの心のなかに棲み込む憎しみと残忍という名の「鬼」を退治することも大事ではないのか。

このような「心の革命」を行うことによってわれわれは初めて、独裁体制を支えてきた毛沢東流の共産主義思想の束縛から解放されて、本当の意味での民主と自由の新しい中国をつくることができるのではないか。

以上のような結論を引き出すために、劉暁波は真剣に悩んで真剣に反省した。彼の行った反省は、まさに自分の心のなかを深く掘り下げて自分自身の人間性の一番醜い部分を容赦なく抉り出しての反省であった。

そして、自分の心のなかの一番醜い部分を見つめ直したことによって、彼はようやくわかった。中国に悲劇をもたらした最大の元凶は、毛沢東でもなければ独裁体制そのものでもない。それはむしろ、暴力革命や階級間闘争を唱える毛沢東流の共産主義革命が長年の教育を通じて中国人の心のなかに植え付けた「憎しみ」と「残忍さ」という名の鬼であり、その鬼はすでに中国人の心のなかに深く潜り込んで多くの中国人の人間性そのものとなった。

だからこそ、毛沢東や四人組が「反動分子を徹底的にやっつけろ」と呼びかけると、普通の高校生や大学生、普通の労働者たちは一夜にして殺人鬼となって何の罪も無く何の抵抗力も無い「反動分子」たちにかかり、残酷極まりのないやり方で彼らを虐めて殺していった。

そうだ、最大の元凶は、自分自身も含めた普通の中国人たちの心のなかに宿る「鬼」である、と劉暁波は思った。もちろん、いまになって民主化を高らかに訴える中国の知識人や若者たちもその例外ではない。独裁体制のなかの人も、反体制で奮闘している人も、その点では同じなのである。われわれ全員、心のなかには「鬼」がいるのだ、と劉暁波は思ったのである。

私に憎しみはなく、敵はいない

ならば、われわれはどうすれば良いのか。

劉暁波の出した結論は実に簡単だ。「憎しみ」と「残忍さ」という名の「鬼」をわれわれの心から駆逐して、博愛の精神、寛容の精神、命を大事にする精神、人間の尊厳と権利を大事にする精神を新しい心の糧として受け入れるのだ。

これらの精神を持って、自分自身を含めた中国人全員の心を改造するのだ。そうすることによって初めて、中国人は「文革一〇年」の地獄から這い上がり、毛沢東政治と共産主義の悪魔に決別を告げて新しい中国をつくり出すことができるのである。

そう、「憎しみと残忍」に決別を告げて、愛と寛容の懐へ飛び込もう。

一九八〇年代に入ってから、劉暁波が自分自身と自分自身の生きてきた時代に対する深い洞察と反省から引き出したこうした結論は、現在に至るまでには彼自身の人生の座右の銘となり、彼のあらゆる精神的活動の基軸となり、彼に代表される中国の新しい民主化運動のモードともなった。

そして、まさにこのような精神の持ち主となったことによって、このような精神を持って中国の民主化運動を導くことによって、劉暁波という人は名実共に、中国民主化運動のイエス・キリストとなっていったのである。私に憎しみはなく、敵はいない。これが劉暁波の口癖であった。

自分自身の心のなかに棲む鬼を見つめることから始めた深い反省、そしてこの深い反省の上で行った愛と寛容の精神への帰依、それはすなわち、劉暁波精神たるものの心の原点なのである。

劉暁波は天安門事件後、反革命罪で投獄の憂き目をみた。出所後も海外には移らず、迫害を受けながらも国内で活動を続けた。二〇〇八年に中国共産党の一党独裁の放棄や言論の自由などを提唱する「〇八憲章」起草の中心人物となった。今度は国家政権転覆扇動容疑で逮捕され、懲役一一年の実刑を言い渡される。

二〇一〇年、ノーベル平和賞の授賞式の日、参加を許されなかった劉暁波のメッセージが読み上げられた。

「私に憎しみはなく、敵はいない」

そんな中国民主化運動のイエス・キリストが亡くなった。あらためて哀悼の意を表したい。

[略歴]

石平（せき・へい）

評論家。1962年、四川省生まれ。北京大学哲学部を卒業後、四川大学哲学部講師を経て、88年に来日。95年、神戸大学大学院文化学研究科博士課程修了。2007年、日本に帰化。2002年に『なぜ中国人は日本人を憎むのか』（PHP研究所）を発表し、中国の反日感情の高まりを警告。以後、中国や日中関係の問題について、講演・執筆活動・テレビ出演などで精力的に展開している。『なぜ中国から離れると日本はうまくいくのか』（PHP新書）で第23回山本七平賞を受賞。著書に『明治維新から見えた 日本の奇跡、中韓の悲劇』『世界が地獄を見る時』『狂気の沙汰の習近平体制 黒い報告書』（以上、ビジネス社）、『朝鮮半島はなぜいつも地獄が繰り返されるのか』（徳間書店）、『暴走を始めた中国2億6000万人の現代流民』（講談社）、『韓民族こそ歴史の加害者である』（飛鳥新社）など多数。

編集協力／加藤鉱

冗談か悪夢のような中国という災厄《さいやく》

2017年10月1日　　第1刷発行

著　者　石 平

発行者　唐津 隆

発行所　株式会社ビジネス社

〒162-0805　東京都新宿区矢来町114番地 神楽坂高橋ビル5F
電話　03(5227)1602　FAX　03(5227)1603
http://www.business-sha.co.jp

〈装幀〉大谷昌稔　〈本文組版〉エムアンドケイ　茂呂田剛
〈印刷・製本〉中央精版印刷株式会社
〈編集担当〉本田朋子　〈営業担当〉山口健志

ISBN978-4-8284-1977-0

ビジネス社の本

習近平が中国共産党を殺す時

日本と米国から見えた「2017年のクーデター」

石平　陳破空……著

定価　本体1300円＋税

ISBN978-4-8284-1903-9

「倒れるのは必然。問題はどうやって死ぬかだ」
暴走する中国の破滅的結末とは？

中国を捨てたふたりの論客！ 日本在住チャイナウォッチャー石平（2007年、日本に帰化）とニューヨーク在住の天安門事件リーダー陳破空（1996年、アメリカに亡命）による初の対談！

本書の内容

第1章　反腐敗、政治闘争、暗殺計画
第2章　書店員拘束、パナマ文書、反腐敗挫折
第3章　機密流出、軍改革、内部分裂
第4章　情報操作、巨大債務、大逃亡
第5章　中国夢、尖閣有事、対中包囲網
第6章　反中北朝鮮、中露摩擦、日本核武装
第7章　政変、空中分解、寿命70年

ビジネス社の本

世界が地獄を見る時
日・米・台の連携で中華帝国を撃て

門田隆将　石平……著

定価　本体1400円＋税
ISBN978-4-8284-1940-4

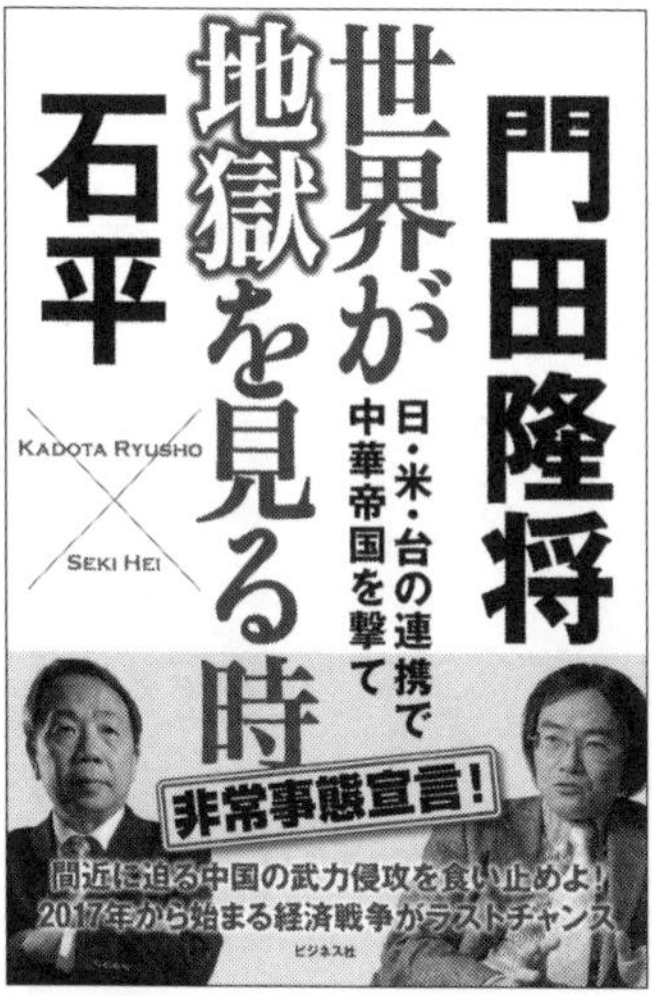

非常事態宣言!

間近に迫る中国の武力侵攻を食い止めよ。
2017年から始まる経済戦争がラストチャンス。

本書の内容

第1章　暴走する中華秩序と屈辱の一〇〇年
第2章　世界が全く理解できない中国人の論理
第3章　米国は必ず経済戦争を仕掛ける
第4章　経済大崩壊で中国瓦解の可能性
第5章　米中激突に求められる日本の覚悟
第6章　日中対立をあおった朝日新聞の罪
第7章　台湾論―なぜ日本と台湾は惹かれ合うのか

ビジネス社の本

明治維新から見えた
日本の奇跡、中韓の悲劇

加瀬英明　石平……著

定価　本体1200円＋税
ISBN978-4-8284-1962-6

繁栄vs.衰亡はすでに150年前に決していた！

教科書では絶対に教えない中国と韓国が未だに近代化できない本当の理由。中韓の悪弊を知り尽くした加瀬氏と、おなじみのチャイナウォッチャー石平氏が明治維新を軸に日本と中韓の違いを歴史的大局から現在の国際情勢を読み解く。

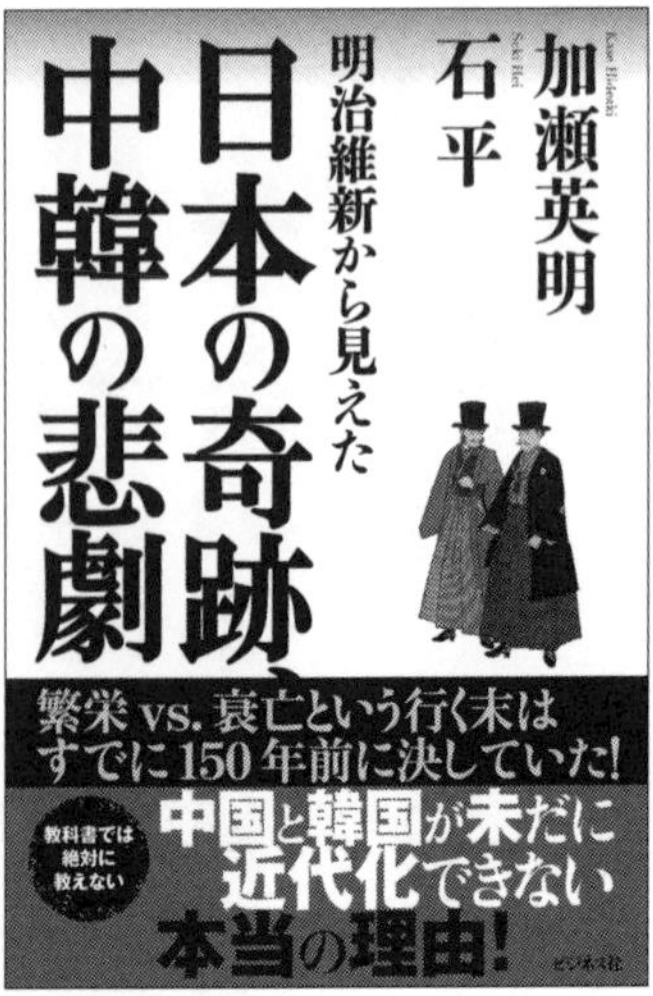

本書の内容